첫 번 째
바 느 질

첫 번째 바느질

—
2016년 3월 30일 1판 1쇄 인쇄
2016년 4월 5일 1판 1쇄 발행
—
지은이 홍유정
펴낸이 이상훈
펴낸곳 책밥
주소 03989 서울시 마포구 동교로 23길 116(성산동 226-6) 백산빌딩 3층
전화 번호 070) 7882-2312
팩스 번호 02) 335-6702
홈페이지 www.bookisbab.co.kr
등록 2007.1.31. 제313-2007-126호
—
기획·진행 정미애
디자인 디자인허브
—
ISBN 979-11-86925-03-4 (13590)
정가 14,000원
—

책밥은 (주)오렌지페이퍼의 출판 브랜드입니다.

이 도서의 국립중앙도서관 출판예정도서목록(CIP)은 서지정보유통지원시스템 홈페이지(http://seoji.nl.go.kr)와 국가자료공동목록시스템(http://www.nl.go.kr/kolisnet)에서 이용하실 수 있습니다.(CIP제어번호: CIP2016008159)

첫 번 째
바 느 질

FIRST SEWING

홍유정 지음

책밥

HONGYU'S
ROOM

머리말

우연히 본 예쁜 천에 마음을 뺏겨 한 마, 두 마 구입한 원단으로 바느질을 시작하게 되었습니다. 서툰 솜씨로 만들었던 첫 작품은 작은 파우치. 이 세상 어디에도 없는 나만의 파우치를 완성하던 순간, 그 뿌듯함을 잊을 수 없어 갖고 싶었던 소품들을 하나씩 만들어 보겠다고 마음먹었습니다. 바느질이 익숙해질 무렵 만들어 놓은 소품을 친구와 지인들에게 선물했고, 그들이 기뻐하는 모습을 보니 작품을 완성했을 때와는 다른 뿌듯함을 느꼈습니다.

혼자만의 시간을 즐기고 만드는 것을 좋아하던 저에게 일상이 되어버린 바느질. 바느질은 자칫 무의미하게 흘려보낼 수 있는 시간을 손의 움직임에 집중하게 만들어 주었고, 그 과정을 통해서 복잡한 생각과 예민해진 감정들을 차분히 정리할 수 있었습니다. 혹시 바쁜 일상에 지치거나 고민, 걱정이 많다면 바느질하며 쉬어가는 건 어떠세요?

서투름과 실수에 겁먹지 마세요. 처음부터 완벽하지 않아도 괜찮아요. 삐뚤빼뚤 부족해 보이는 작품도 특별한 추억이 될 거예요. 바느질을 향한 첫 걸음. 그 소중한 시작에《첫 번째 바느질》로 제가 느꼈던 뿌듯함을 여러분과 함께 나누길 기대하겠습니다.

홍유정

HONGYU'S
CONTENTS

차례

Sewing 1

Daily / 데일리

Sewing 2

Kitchen / 주방

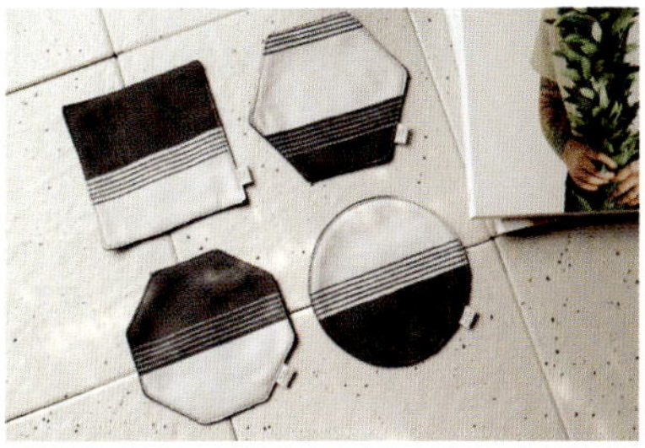

HONGYU'S
CONTENTS

Sewing 3

Living / 거실

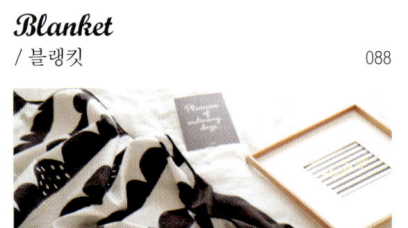

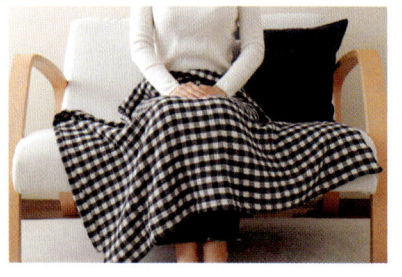

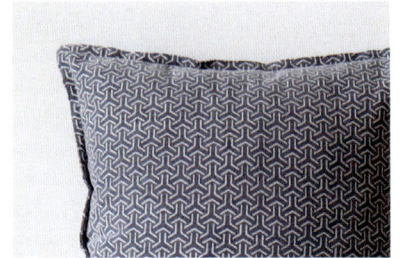

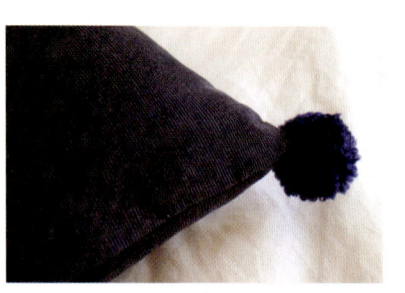

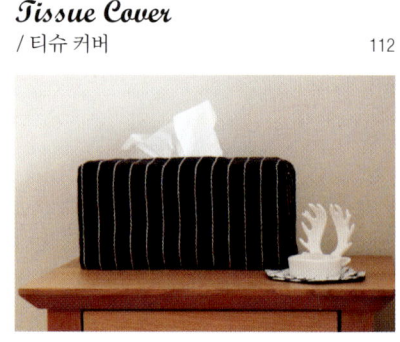

Sewing 4

Reform / 리폼

HONGYU'S
THE TOOLS

바느질 재료

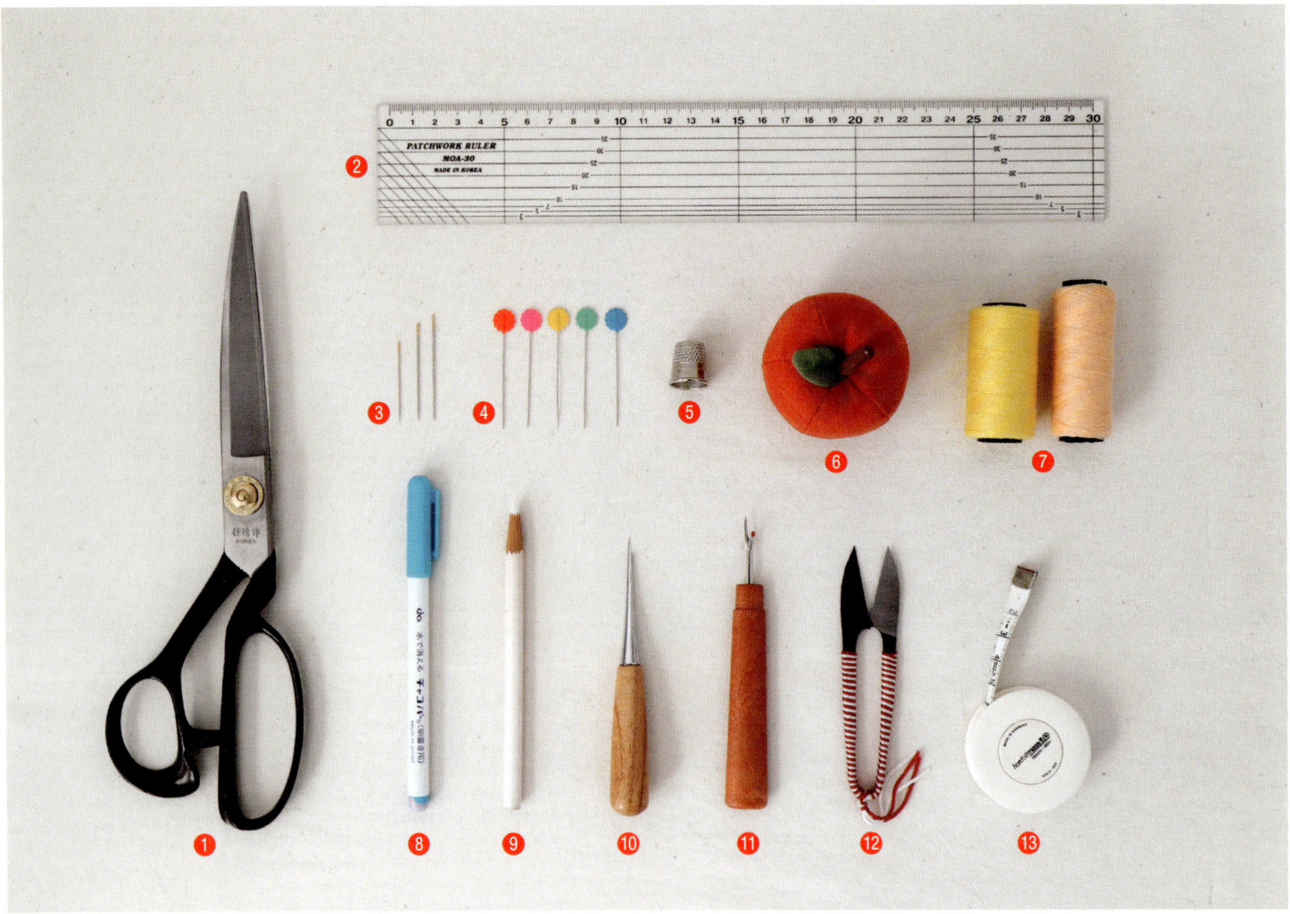

❶ 재단 가위

원단을 자를 때 사용하는 가위입니다. 원단 외에 종이, 부자재 등에 재단 가위를 사용하면 날이 상하게 되어 수명이 짧아집니다.

❷ 시접자

원단에 완성선과 시접선을 그리거나 사이즈를 잴 때 사용합니다.

❸ 바늘

원단을 바느질할 때 사용합니다. 원단의 두께에 따라 바늘의 호수를 달리하여 사용합니다. 바늘의 호수가 클수록 바늘은 얇고 짧아집니다.

❹ 시침핀

바느질하기 전 겹쳐 놓은 원단을 고정시킬 때 사용합니다.

❺ 골무

바늘귀를 반복적으로 만지면 손끝에 상처가 생겨 아릴 수 있으므로 골무를 끼워 방지합니다.

❻ 핀쿠션

바늘, 시침핀을 잃어버리지 않도록 핀쿠션에 꽂아 보관합니다.

❼ 재봉실

바느질할 때 사용하는 실입니다. 주로 원단 색과 비슷한 색으로 사용합니다.

❽ 수성펜

도안을 그리거나 패턴을 옮겨 그릴 때 사용하는 펜입니다. 물에 쉽게 지워지므로 편리하게 사용할 수 있습니다.

❾ 초크펜

펜슬 형태의 초크로 손에 묻지 않아 편리하게 사용할 수 있습니다.

❿ 송곳

가죽과 원단에 구멍을 뚫을 때 사용합니다. 또는 창구멍을 통해 뒤집은 원단의 모서리를 정리할 때에도 사용할 수 있습니다.

⓫ 실뜯개

천이 상하지 않게 실을 뜯는 도구로 잘못된 바늘땀을 뜯어내거나 단추 구멍을 뚫을 때 사용합니다.

⓬ 쪽가위

실을 자르거나 바느질을 마무리할 때 사용합니다.

⓭ 줄자

의류 작업 시 몸의 사이즈와 곡선이 들어간 물건을 잴 때 사용합니다.

❶ 지퍼

지퍼는 금속 또는 플라스틱 재질로 만들어진 것과 지퍼가 겉으로 드러나지 않는 형태의 콘솔지퍼 등 다양한 종류가 있습니다. 만들고자 하는 디자인에 어울리는 지퍼를 선택하여 사용합니다.

❷ 바이어스

원단 가장자리에 둘러 깔끔하게 마무리하는 용도로 사용합니다. 폭이 좁은 바이어스는 의류, 가방, 소품 등에 사용하며 폭이 큰 바이어스는 러그, 침구 등에 사용합니다.

❸ 파이핑

둥글거나 곡선이 있는 소품을 만들 때 원단의 모양을 잡아 주는 역할을 합니다.

❹ 웨이빙 끈

웨이빙 끈은 촘촘하게 짜여진 도톰한 두께의 끈입니다. 가방끈으로 가장 많이 사용합니다.

❺ 똑딱단추

단추를 밖으로 보이지 않게 할 때 사용합니다.

❻ 금속 부자재(ㅁ링, D링, O링)

ㅁ링, D링은 가방, 앞치마와 같이 끈의 길이를 조절하거나 연결 고리로 사용하며 O링은 지퍼 고리 등 작은 액세서리로 사용할 수 있습니다.

❼ 스트링

스트링을 당겨 입구를 봉하는 파우치나 가방에 사용합니다. 또는 액세서리로도 다양하게 사용할 수 있습니다. 스트링은 천, 가죽 등 다양한 종류가 있습니다.

❽ 데코 단추

알록달록 다양한 컬러와 모양을 가진 단추로 패브릭 소품에 포인트를 주고 싶을 때 사용합니다.

❶ 면테이프

서로 다른 원단을 연결할 때 생기는 이음선에 사용하거나 적당한 길이로 잘라 라벨로 사용합니다.

❷ 레이스

원단의 가장자리 또는 이음선에 사용합니다. 또는 커튼, 침구, 파우치 등 소품의 마무리 부자재로 사용하여 작품의 완성도를 높일 수 있습니다.

❸ 와펜 · 참장식

밋밋한 의류, 가방, 소품 등에 붙여 포인트로 활용합니다.

❹ 자수실

자수를 놓을 때 주로 사용하는 면실(십자수실)입니다.

❺ 라벨

면, 가죽, 금속, 종이, 자수 등 다양한 소재와 모양의 라벨을 사용하여 소품에 포인트를 줄 수 있습니다.

원단 소개

❶ 리넨(Linen)

리넨은 마직물의 한 종류로 자연스러운 색감과 질감을 가진 원단입니다. 흡수성, 통기성이 좋아 침구, 의류, 소품 등 다양하게 쓰이며 특히 촉감이 부드럽고 시원해 여름 의류와 침구로 많이 사용합니다. 하지만 탄성이 낮아 구김이 잘 생길 수 있습니다.

❷ 코튼(Cotton)

코튼은 생산량이 많은 원단이므로 다른 원단에 비해 비교적 저렴하고 쉽게 구입할 수 있습니다. 흡수성, 보온성, 통기성이 좋은 코튼 원단은 세탁과 관리가 편하므로 침구, 의류, 속옷 등 계절 상관없이 다양하게 사용할 수 있습니다.

❸ 옥스퍼드(Oxford)

굵고 두꺼운 실로 만드는 옥스퍼드는 톡톡한 두께감을 가지고 있습니다. 이 원단은 튼튼하고 질기며 마찰에 강해 세탁 시 손상이 적고 쉽게 쳐지지 않습니다. 주로 가방, 바스켓, 남방 등을 만들 수 있지만 원단이 두꺼워 안감으로는 적당하지 않습니다.

❹ 캔버스(Canvas)

면 섬유 중 가장 굵은 실로 만들어졌습니다. 옥스퍼드보다 두께가 더 톡톡하고 튼튼하며 모양을 잘 잡아 주어 가방, 신발, 천막, 작업용 앞치마 등에 사용합니다. 옥스퍼드와 마찬가지로 캔버스 역시 원단이 두꺼워 안감으로는 적당하지 않습니다.

이 책에서 사용한 원단

데일리라이크(www.dailylike.co.kr)
- 납작 지퍼 파우치(30쪽) : clover and rabbit 캔버스, Charming : sweet pond 코튼
- 북 커버(36쪽) : poodle 옥스퍼드, curly 옥스퍼드
- 납작 지퍼 파우치 : clover and rabbit 캔버스, Charming : sweet pond 코튼
- 스트링 파우치(42쪽) : Banana tree 옥스퍼드, Sage green 옥스퍼드
- 필통(56쪽) : Cactus 캔버스

네스홈(www.nesshome.com)
- 주방 장갑(76쪽) : 바이오 워싱 옥스퍼드
- 파이핑을 사용한 블랭킷(90쪽) : Stamp calm waves pattern cotton
- 커튼(96쪽) : 씨실날실 Stripe 리넨 커튼지
- 지퍼 있는 쿠션(104쪽) : Geometry Washing Oxford cotton

앤쏘라이프(www.andsewlife.com)
- 지퍼 없는 쿠션(108쪽) : 무지 코듀로이
- 티슈 커버(112쪽) : Tidy stitch stripe

코튼빌(www.cottonvill.co.kr)
- 파이핑을 사용하지 않은 블랭킷(94쪽) : 리넨 워싱더블거즈 선염내추럴 체크

천가게(www.1000gage.co.kr)
선퀼트(www.sunquilt.com)

HONGYU'S TIP 바느질을 이제 막 시작했다면 온라인 쇼핑몰에서 원단을 구입하는 것보다 오프라인으로 직접 보고 구입하는 게 좋아요. 사진만으로 원단의 두께, 촉감 등을 알긴 어렵기 때문이죠!
원단 구입처가 기재되지 않은 소품은 온라인 · 오프라인으로 원단을 구입하여 만들어 보세요.

5 가죽

다양한 질감과 색상의 가죽 원단은 고급스럽거나 빈티지한 분위기를 표현할 수 있습니다.

6 울

울은 털로 만드는 원단이므로 보온성이 높고 탄성이 높아 구김이 적습니다. 주로 가을, 겨울용 재킷, 코트, 카디건과 같은 의류나 블랭킷, 쿠션 커버 등에 사용합니다.

7 라미네이트(방수 원단)

방수 필름을 덧입힌 원단입니다. 샤워 커튼, 피크닉 매트, 우비, 미술용 앞치마, 턱받이 등에 사용하면 좋습니다. 하지만 열에 약하므로 다림질이나 뜨거운 바람에 건조시키지 말아 주세요.

8 타이벡(Tyvek), 크라프트 원단

타이벡은 방수 기능을 가진 종이 느낌의 원단이며 크라프트 원단은 종이 재질의 원단입니다. 종이 느낌을 가진 두 원단은 자연스럽게 구김을 넣어 멋스럽게 연출할 수 있습니다.

HONGYU'S
GET TO KNOW
BEFORE SEWING

원단 구입 시
알아야 할 것

● 원단의 단위

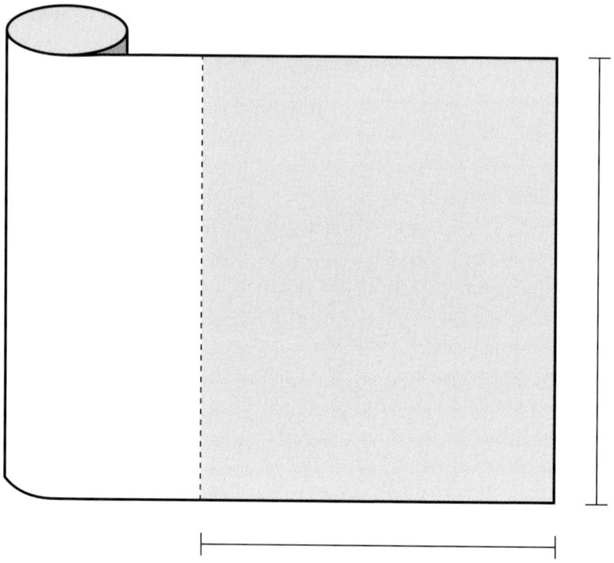

1. **마** : 마는 원단을 판매하는 단위로 1마는 폭×90cm를 말합니다.
2. **기본폭, 대폭, 광폭** : 기본폭은 폭이 110cm이며 폭이 110cm~150cm나 300cm로 제작되는 원단을 대폭, 광폭이라 말합니다. 기본폭으로 제작된 원단은 보편적으로 모든 소품을 만들 때 사용합니다. 대폭원단은 침구, 가구 커버 등 큰 사이즈 소품을 만들 때, 가장 폭이 넓은 광폭원단은 커튼을 만들 때 사용하면 좋습니다.

● 원단 구입 시 자주 사용하는 단어

1. **수** : 11수, 20수, 30수, 40수 숫자가 커질수록 얇은 원단입니다.
2. **온스** : 온스는 무게 단위입니다. 2온스, 4온스, 5온스, 7스 등이 있으며 숫자가 클수록 솜의 양이 늘어납니다. 접착솜의 경우 숫자가 클수록 두께가 두꺼워집니다.

선 세탁하는 방법

●선 세탁

선 세탁은 구입한 원단을 바느질하기 전에 세제를 넣지 않고 미리 한 번 세탁하는 것을 말합니다. 선 세탁은 여러 과정에서 묻은 먼지를 제거할 수 있으며 가공 후 남아 있는 염료가 다른 곳에 이염되는 것을 방지할 수 있습니다. 또한 틀어지거나 늘어난 올을 균일하게 만들고 완성 작품을 세탁할 시 생기는 수축 현상을 예방할 수 있습니다. 따라서 원단 구입 후 즉시 선 세탁하는 습관을 기르는 게 좋습니다.
리넨, 면, 데님, 색이 짙은 원단 등은 반드시 선 세탁하고 실크, 모직 등의 원단은 물세탁이 불가능하므로 선 세탁하지 않습니다.

선 세탁 과정

01 세탁할 원단을 준비합니다.

02 미온수에 원단을 1~2시간 가량 담가 둔 후 조물조물 헹궈 줍니다.

03 가볍게 물기를 털고 구김이 생기지 않도록 널어서 말립니다. 이때 원단을 비틀어 짜면 올을 바로잡을 수 없으므로 비틀어 짜지 않도록 주의합니다.

04 바짝 마른 원단은 다림질 후에도 구김이 남을 수 있습니다. 따라서 80%~90% 마른 원단을 식서방향(원단이 늘어나지 않는 방향)으로 다림질합니다.

원단 정리하는 방법

● 원단 접어서 정리하기

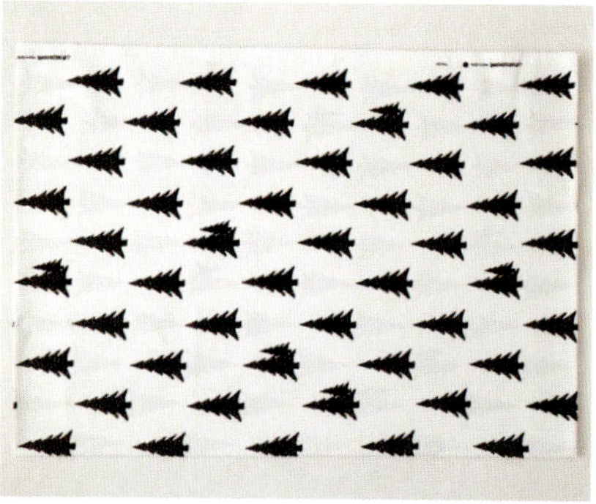

01 접어서 정리하는 방법은 원단의 크기가 작거나 수량이 적을 때 사용하는 방법입니다. 원단을 준비합니다.

02 원단을 원하는 크기로 접어 줍니다.

03 정리한 원단은 비닐, 지퍼백에 넣어 보관하면 먼지 앉음과 탈색을 방지할 수 있습니다.

● 원단 말아서 정리하기

01 말아서 정리하는 방법은 가지고 있는 원단의 크기가 크거나 수량이 많을 때 사용하면 좋습니다. 원단과 롤을 준비합니다.

HONGYU'S TIP 롤은 네스홈(www.nesshome.com)에서 'Half Fabric Paper Roll'을 검색하여 구입할 수 있습니다.

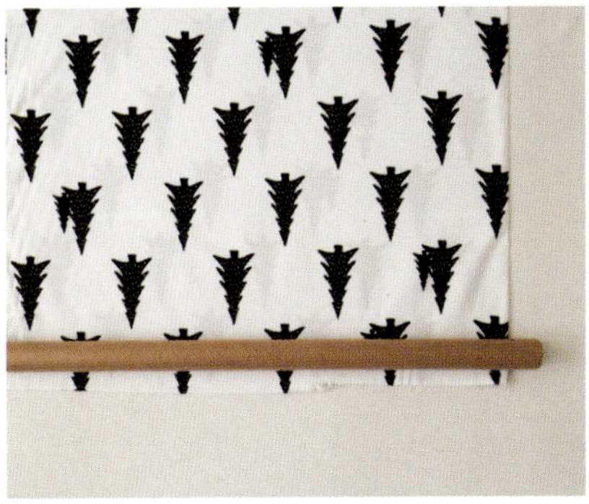

02 반으로 접은 원단 위에 롤을 올려 줍니다.

03 구김이 생기지 않도록 조심히 원단을 롤에 돌돌 말아 줍니다.

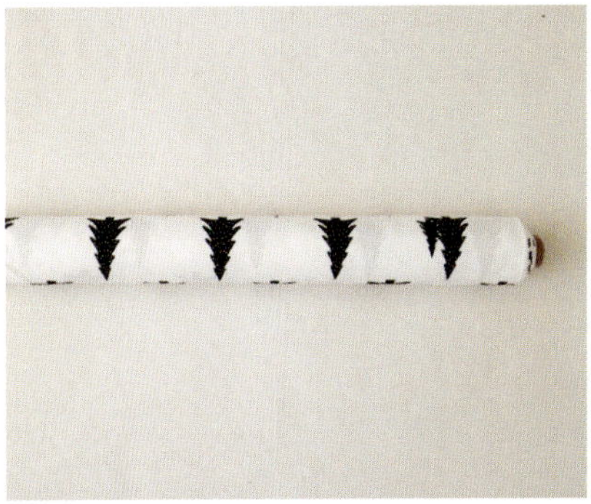

04 말아 놓은 원단은 비닐에 씌워 햇빛이 닿지 않는 곳에 보관합니다.

HONGYU'S
GET TO KNOW
BEFORE SEWING

보빈으로 레이스, 끈 정리하는 방법

01 보빈 도안과 두꺼운 종이를 준비합니다.

HONGYU'S TIP 보빈 실물 도안은 브로마이드에 있습니다.

02 종이 위에 보빈 도안을 올리고 펜을 준비합니다.

03 보빈 도안을 종이에 옮겨 그립니다.

04 선을 따라 종이를 오리면 레이스나 실을 정리할 수 있는 보빈이 완성됩니다.

05 스탬프를 이용해 보빈을 꾸미거나 감아 놓은 끈의 종류, 색상 등을 적어 놓습니다.

06 레이스, 실, 바이어스, 파이핑, 끈라벨 등을 완성된 보빈에 돌돌 말아 줍니다.

07 시침핀을 콕 꽂아 고정시킵니다.

08 완성된 보빈은 정리함에 담아 보관합니다.

09 단추, 라벨은 색이나 크기별로 분류하여 비닐에 담아 보관합니다.

10 지퍼도 색, 길이별로 분류한 후 고무줄로 묶어 보관합니다.

HONGYU'S
CUT THE FABRIC

재단하는 방법

❶ **재단 가위** : 원단을 자를 때 사용합니다.
❷ **시접자** : 시접선, 완성선을 그리거나 길이를 잴 때 사용합니다.
❸ **수성펜, 초크펜** : 선을 그릴 때 사용합니다.
❹ **원단** : 재단할 원단입니다.

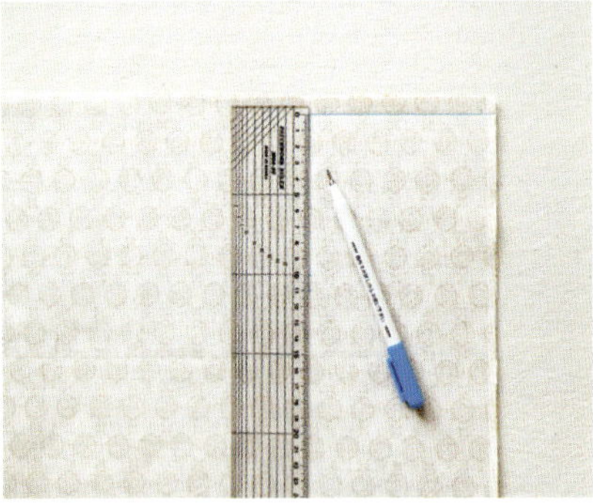

01 원단 뒷면에 시접자와 수성펜을 이용해 완성선을 그려 줍니다.

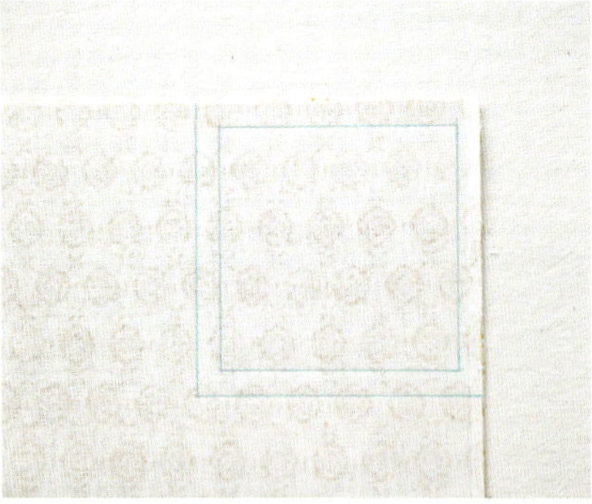

02 완성선에 맞춰 1cm 간격을 두고 시접선을 그립니다. 이 선을 따라 가위로 재단합니다.

HONGYU'S TIP 시접선은 바느질 후 원단의 올이 풀리지 않도록 여유를 주는 선입니다. 주로 완성선에서 1cm정도 간격을 두고 그리지만 작품에 따라 간격은 달라질 수 있습니다.

03 시접선을 따라 재단합니다.

HONGYU'S
SEWING WARMING UP

바느질, 시접 정리하는 방법

●홈질

일정한 간격으로 바느질하는 방법입니다. 2장의 원단을 잇거나 스티치 장식으로 자주 사용합니다. 홈질은 시접이나 원단의 가장자리를 정리할 때 사용합니다. 또는 박음질과 함께 완성품에 포인트를 주는 상침으로도 쓰입니다.

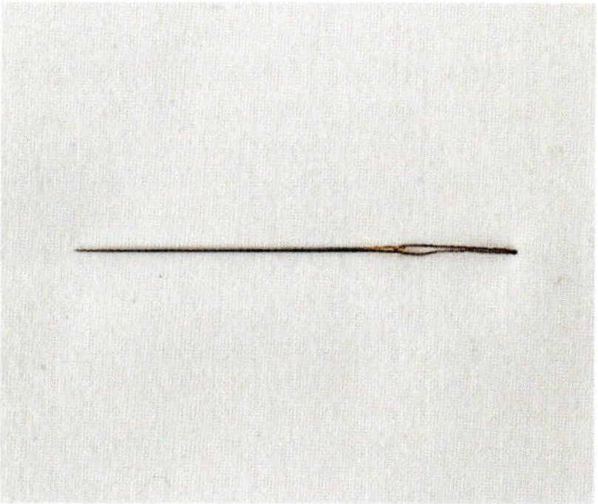

01 바늘을 원단 뒤에서 앞으로 통과시킵니다.

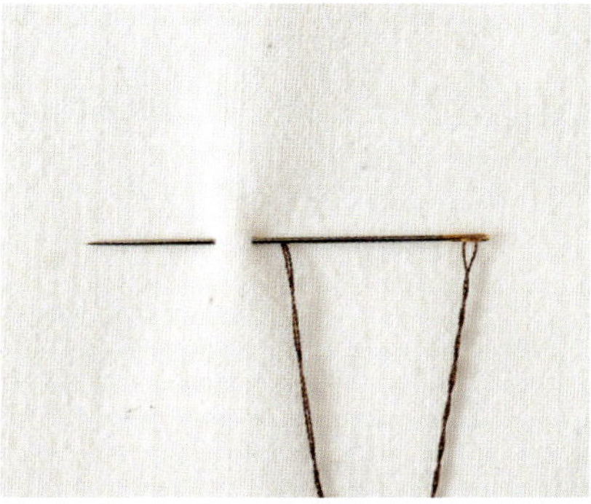

02 일정한 간격을 띄우고 앞에서 뒤로, 다시 앞으로 통과시킵니다.

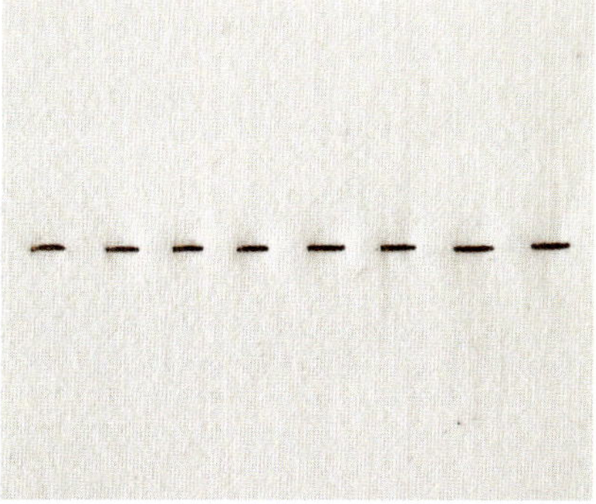

03 02번 과정을 반복하면 홈질이 완성됩니다.

●박음질

바느질 선이 끊기지 않고 일직선으로 반듯하게 놓이는 바느질 방법으로 2장의 원단을 고정시킬 때 사용합니다.

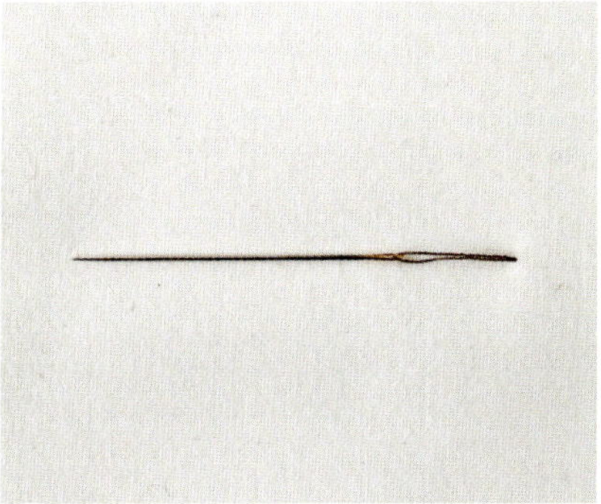

01 바늘을 원단 뒤에서 앞으로 통과시킵니다.

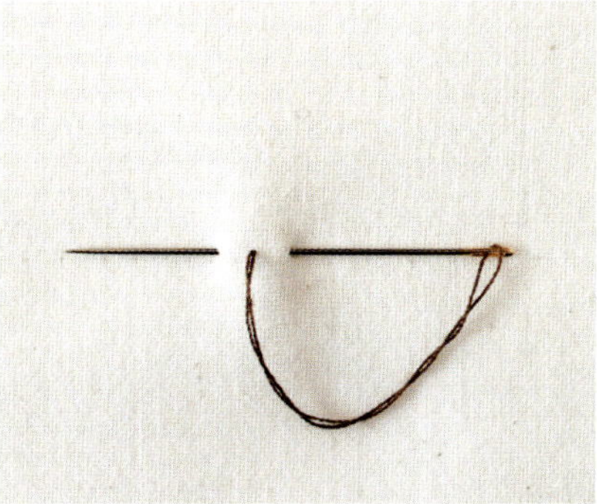

02 시작점을 중심으로 바늘을 오른쪽에 꽂고 다시 왼쪽으로 꽂아 통과시킵니다.

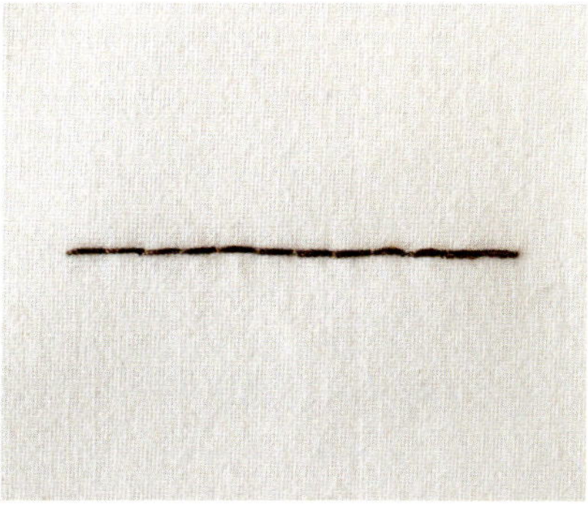

03 02번 과정을 반복하면 박음질이 완성됩니다.

● 감침질

공그르기보다 바늘땀을 더 촘촘하게 바느질하는 방법으로 2장의 원단을 연결할 때 사용합니다.

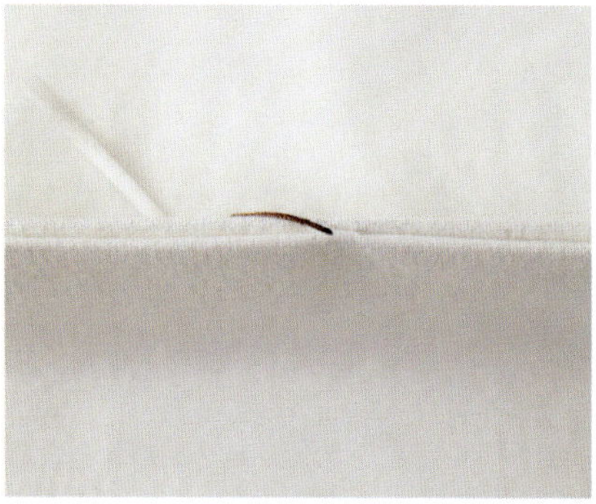

01 시접을 접어 겹친 원단의 안쪽에서 바깥쪽으로 바늘을 통과시킵니다.

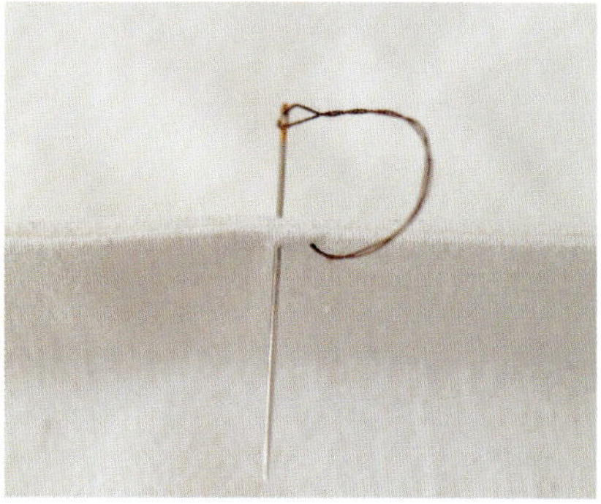

02 바늘을 대각선 뒤로 보내고 다시 앞으로 꽂아 통과시킵니다.

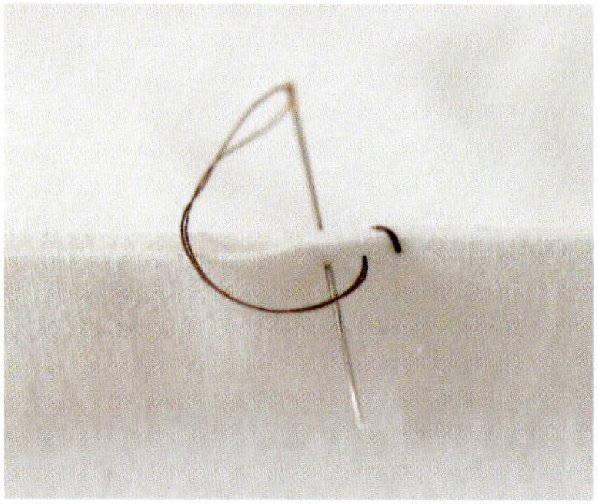

03 02번 과정을 반복합니다.

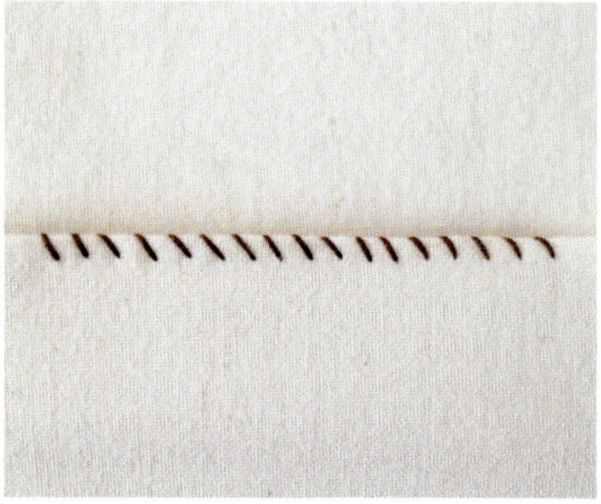

04 감침질이 완성되었습니다.

● 휘갑치기

오버로크와 같은 역할을 하는 바느질 방법으로 원단 가장자리의 올이 풀리지 않도록 할 때 사용합니다.

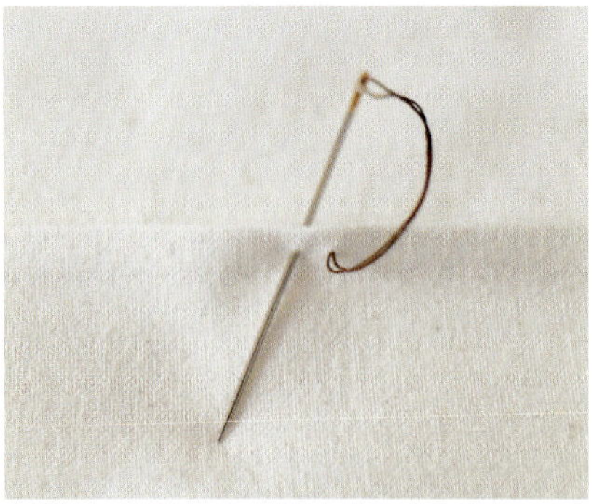

01 바늘을 원단 뒤에서 앞으로 통과시킵니다. 바늘을 대각선 뒤로 보내고 다시 앞으로 통과시킵니다.

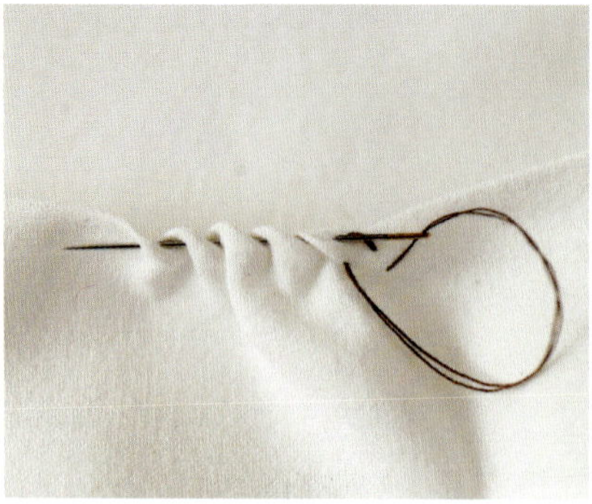

02 01번 과정을 5~6땀씩 한 번에 진행합니다.

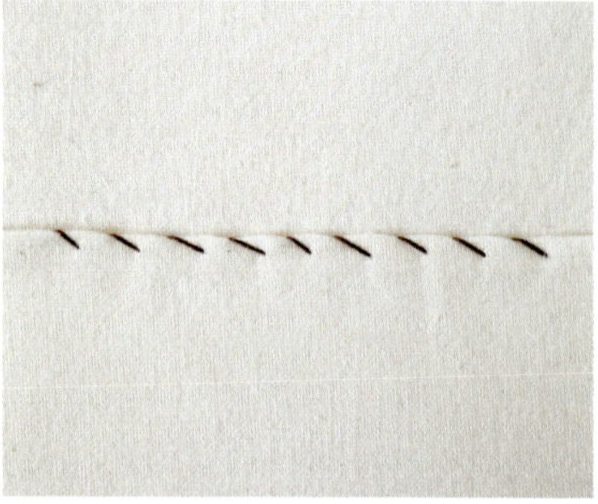

03 휘갑치기가 완성되었습니다.

●공그르기

바늘땀이 겉으로 보이지 않게 속으로 숨기는 방법입니다.

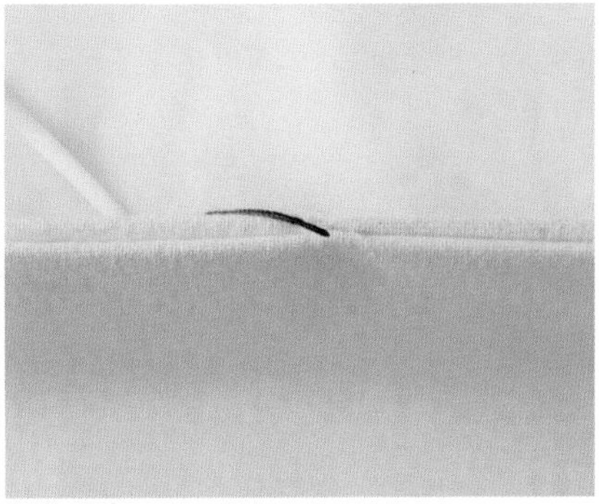

01 시접을 접어 겹쳐 놓은 두 원단의 안쪽에서 바깥쪽으로 바늘을 보냅니다.

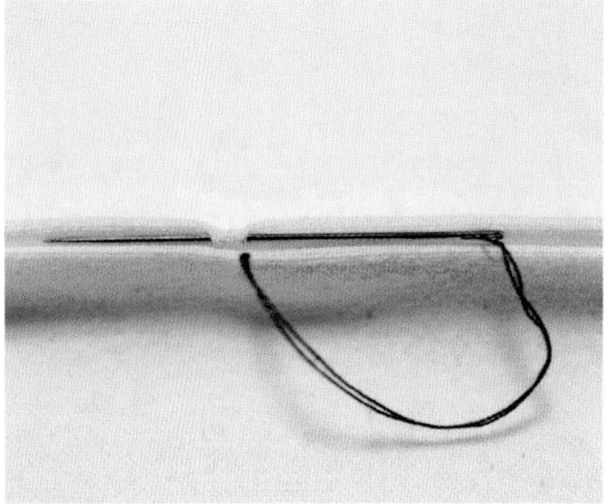

02 위쪽 원단에 바늘을 한 땀 통과시킵니다.

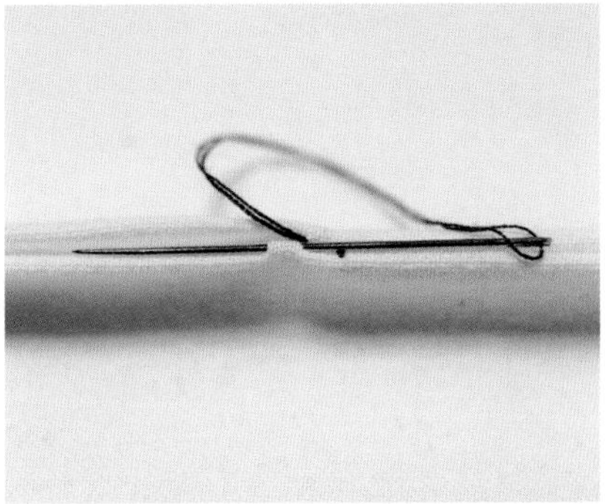

03 아래쪽 원단에 바늘을 한 땀 통과시킵니다.

04 02~03번 과정을 반복하면 공그르기가 완성됩니다.

●시접 정리하는 방법

01 두 장의 원단을 겹쳐 박음질한 모습입니다. 겹쳐진 시접을 정리하는 방법에 따라 홑솔, 가름솔이라고 합니다.

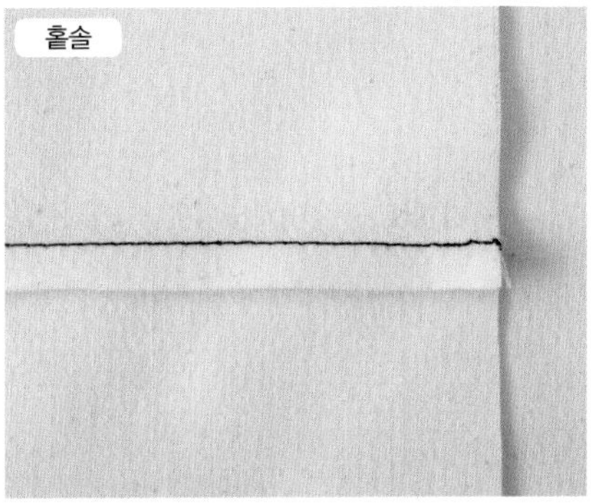

02 홑솔은 가장 기본이 되는 시접 처리 방법으로 겹쳐진 시접을 한쪽으로 눕혀 정리하는 방법입니다.

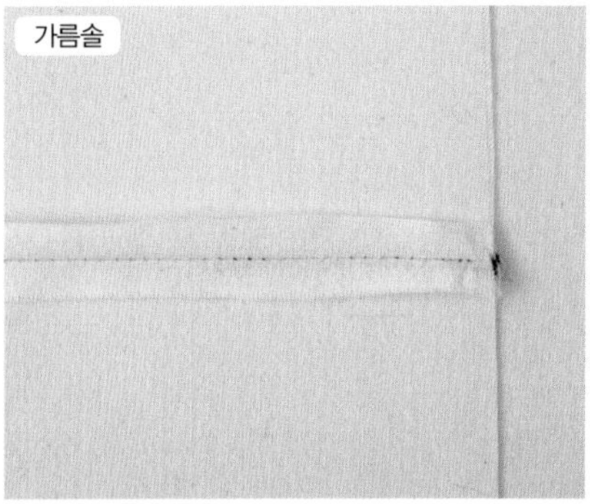

03 가름솔은 겹쳐진 시접을 양쪽으로 나눠 정리하는 방법입니다.

HONGYU'S
SEWING MACHINE

재봉틀 사용하는 방법

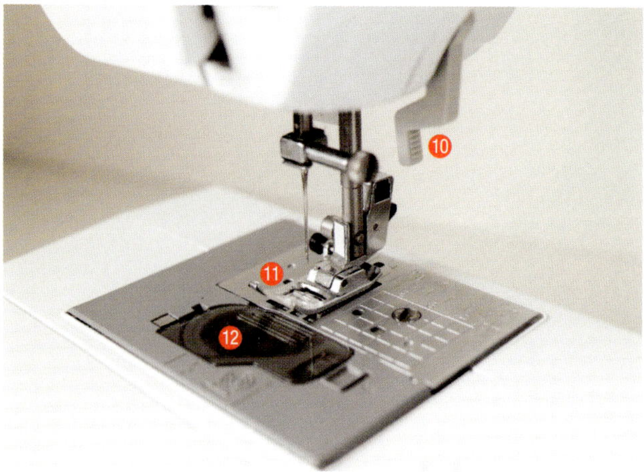

❶ **재봉 메뉴** : 다양한 재봉 그림과 함께 번호가 적혀 있습니다.
❷ **조작 판넬 LCD** : 선택한 재봉 번호, 바늘땀 길이, 바늘땀 폭을 보여 줍니다.
❸ **재봉 선택 버튼** : 버튼을 눌러 재봉 모양을 선택합니다.
❹ **땀 길이 조절 버튼** : +, − 버튼을 눌러 바늘땀의 길이를 조절합니다.
❺ **땀 폭 조절 버튼** : +, − 버튼을 눌러 바늘땀의 폭을 조절합니다.
❻ **재봉 속도 조절기** : 오른쪽으로 갈수록 재봉 속도가 빨라집니다.
❼ **시작·멈춤 버튼** : 재봉을 시작하거나 멈출 때 사용합니다.
❽ **후진 재봉 버튼** : 재봉의 시작과 마무리에 사용해 실이 풀리지 않도록 해 줍니다.
❾ **바늘 위치 조절 버튼** : 바늘을 내리거나 올릴 때 사용합니다.
❿ **노루발 레버** : 노루발을 올리거나 내릴 때 사용합니다.
⓫ **노루발** : 재봉할 때 원단을 위에서 눌러 주어 원단이 뒤로 밀려 나갈 수 있도록 합니다.
⓬ **북집 커버** : 북알(밑실)을 넣어줄 때 사용합니다.

● 밑실 북집에 넣기

01 북집 커버를 열고 북알(밑실)을 밀어 넣은 후 화살표 방향으로 실을 통과시킵니다.

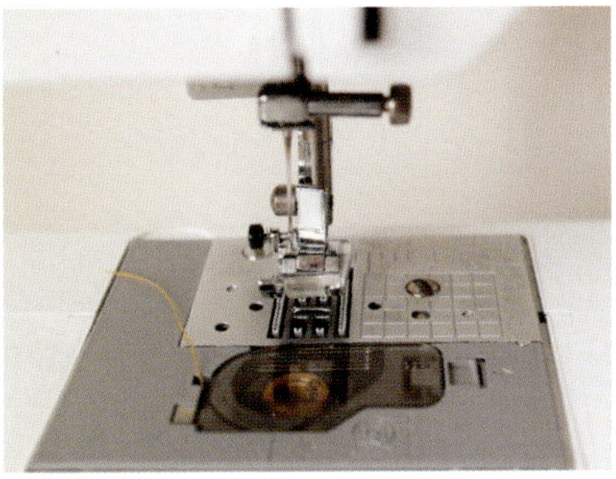

02 북집 커버를 닫아 줍니다.

03 자주 사용하는 실을 미리 북알에 감아 두면 편합니다.

● 재봉틀 사용하기

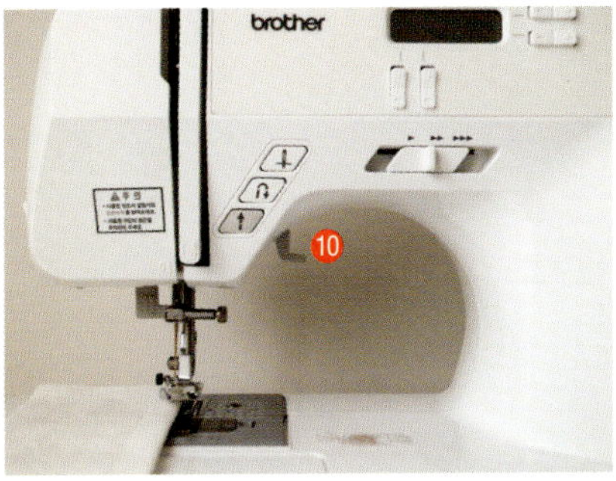

01 원단을 노루발 아래에 놓고 ⑩ 노루발 레버를 내려 줍니다.

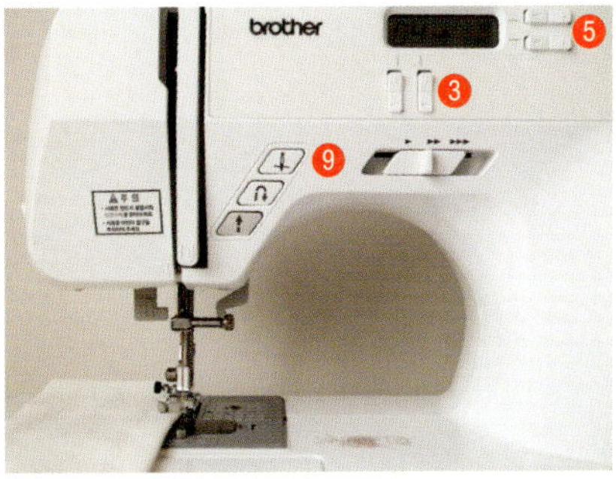

02 ③, ⑤ 버튼을 눌러 재봉 모양과 바늘땀 폭, 길이를 조절합니다. ⑨ 버튼을 눌러 바늘을 내려 줍니다.

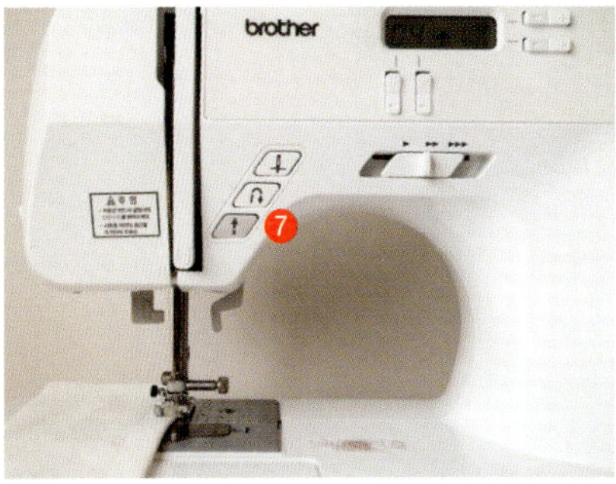

03 ⑦ 시작·멈춤 버튼을 눌러 재봉을 시작합니다.

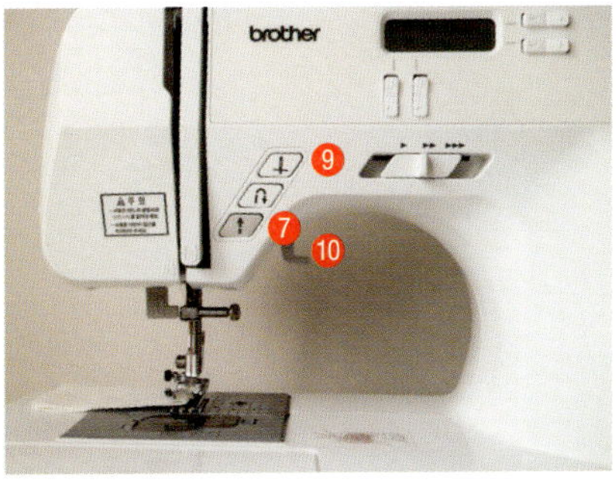

04 ⑦ 시작·멈춤 버튼을 눌러 바느질을 멈추고 ⑨ 버튼을 눌러 바늘을 올립니다. ⑩ 노루발 레버를 올려 줍니다.

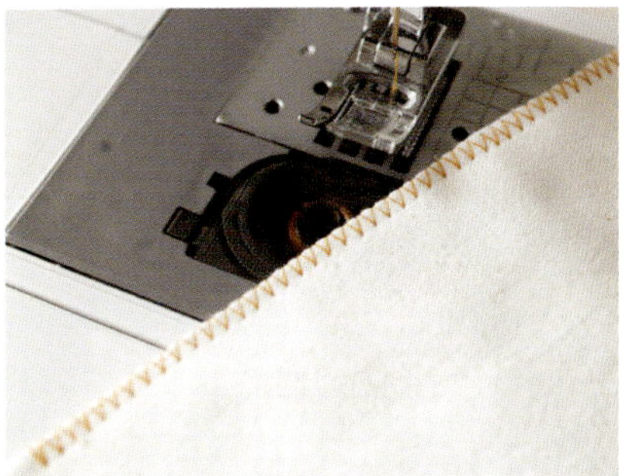

05 재봉틀 사용이 끝났습니다.

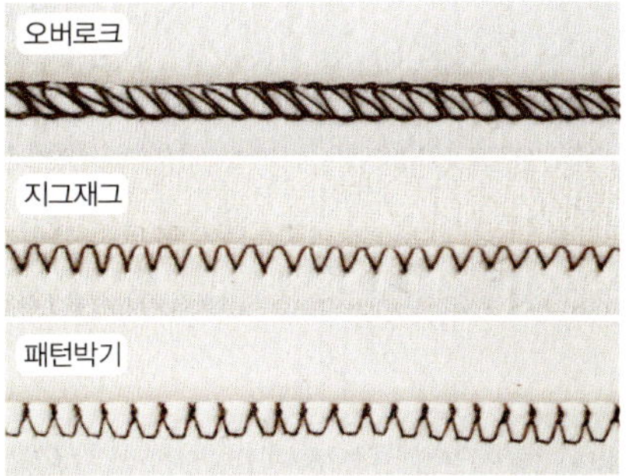

06 위 사진은 마름질한 원단의 올이 풀리지 않도록 정리하는 재봉 종류입니다. 가정용 재봉틀에는 오버로크가 없을 수 있기 때문에 지그재그박기나 패턴박기를 사용합니다.

Sewing 1

Daily / 데일리

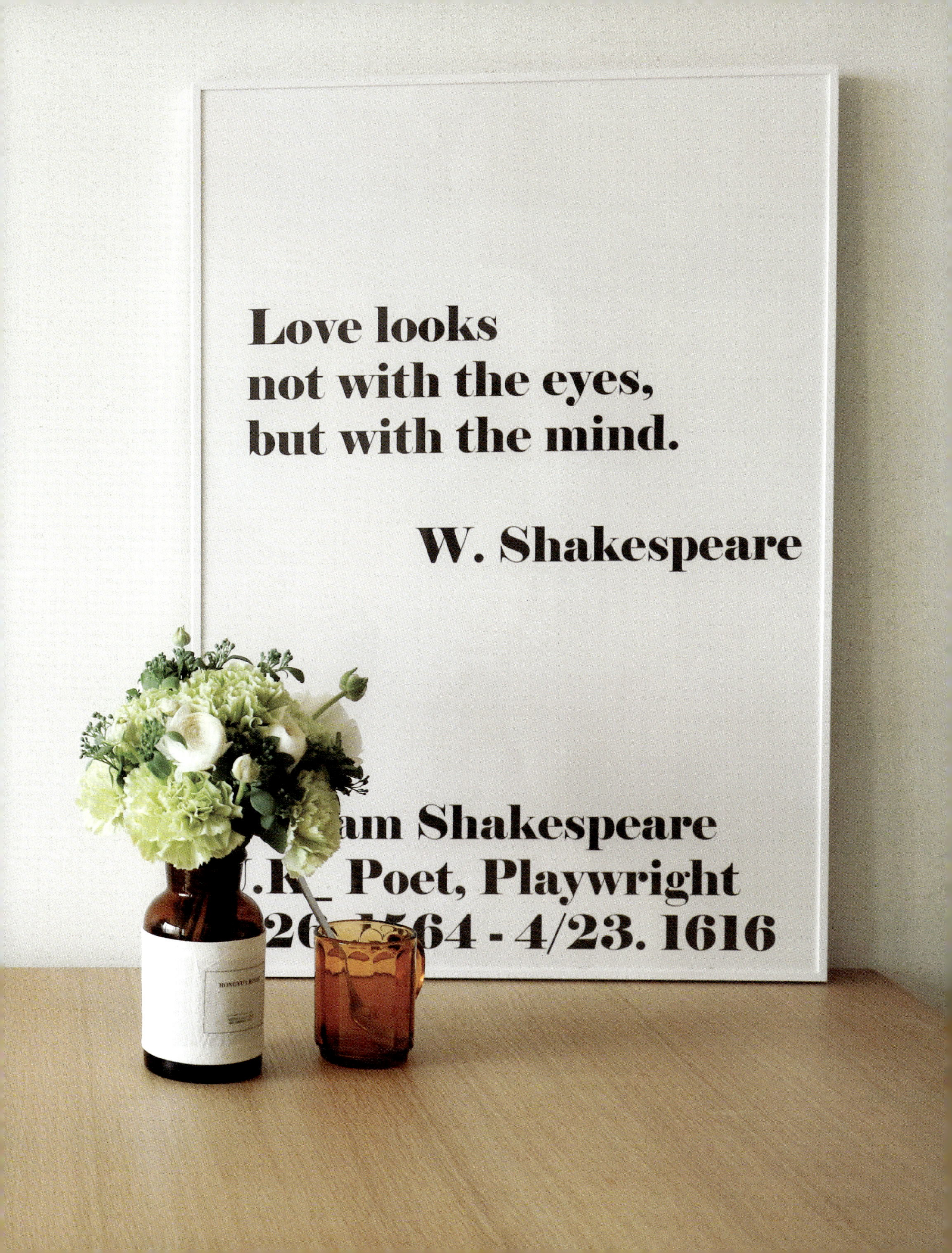
Love looks
not with the eyes,
but with the mind.
W. Shakespeare
Shakespeare
Poet, Playwright
4/23. 1616

Plat Zipper Pouch
/ 납작 지퍼 파우치

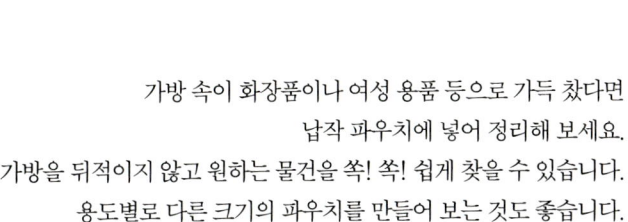

가방 속이 화장품이나 여성 용품 등으로 가득 찼다면
납작 파우치에 넣어 정리해 보세요.
가방을 뒤적이지 않고 원하는 물건을 쏙! 쏙! 쉽게 찾을 수 있습니다.
용도별로 다른 크기의 파우치를 만들어 보는 것도 좋습니다.

납작 지퍼 파우치

납작 파우치에 사용하면 좋은 원단

계절, 취향에 따라 다양한 원단을 사용할 수 있습니다. 세탁하지 않고 오래 쓰고 싶다면 밝은 색상의 원단은 피하는 게 좋습니다.

Ready to do

작품 사이즈

23cm×15cm

준비물

겉감 원단 A : 25cm×17cm 2장
안감 원단 B : 25cm×17cm 2장
바이어스 원단 C : 4cm×3cm 2장
* 바이어스 3cm로 대체 가능
방울 레이스 : 25cm 1줄
지퍼 : 23cm 1개
라벨 1개

재단 도안

실물 도안 첨부

* 안감 원단 B는 겉감 원단 A와 같은 크기로 재단합니다.

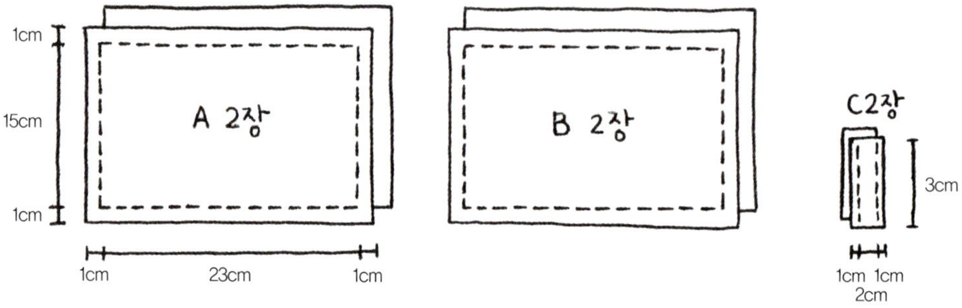

How to make

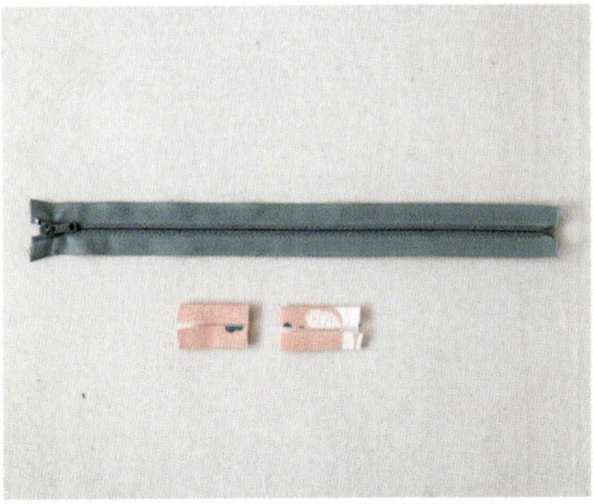

01 파우치의 지퍼 부분을 먼저 만들어 보겠습니다. 지퍼는 23cm 1개를 준비하고 바이어스 원단의 위쪽과 아래쪽을 각각 시접 1cm 접어 줍니다.

HONGYU'S TIP 바이어스 원단 대신에 3cm 바이어스를 사용해도 좋습니다.

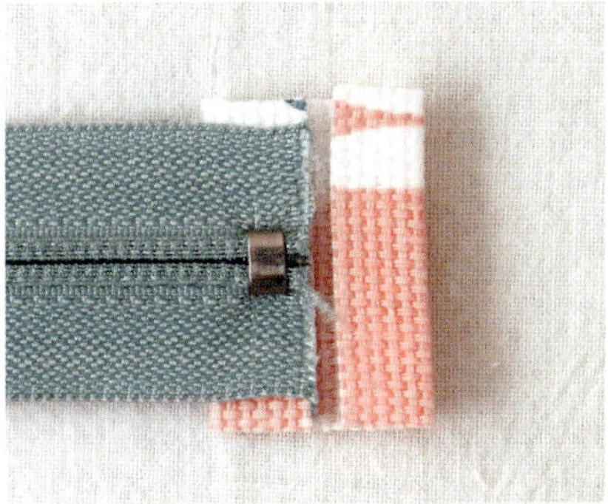

02 바이어스 원단 사이에 지퍼를 올려놓고 시침핀으로 고정시킵니다.

03 바이어스 원단에 고정시킨 지퍼를 박음질합니다. 반대편 지퍼도 바이어스에 올려놓은 후 똑같이 마무리해 줍니다.

04 2장의 원단 A 위쪽 시접을 각각 1cm 접은 후 다리미로 다려 줍니다.

HONGYU'S TIP 파우치 모양을 반듯하게 만들고 지퍼 부분을 깔끔하게 정리하고 싶다면 겉감과 안감을 따로 작업하는 게 좋습니다.

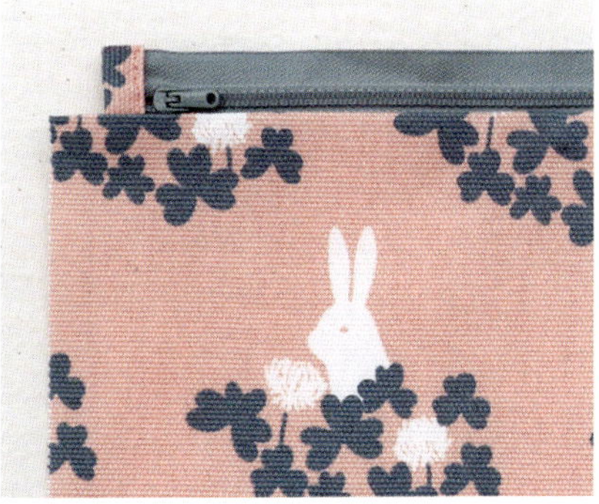

05 시접을 넣은 원단 A 1장을 사진과 같이 지퍼 위에 올려놓습니다. 이때 지퍼와 원단 사이의 간격은 1mm~2mm 정도 두세요.

HONGYU'S TIP 지퍼와 원단 사이의 공간이 없을 경우 지퍼알이 움직이지 않거나 뻑뻑하게 여닫힐 수 있습니다.

06 원단 A와 지퍼를 시침핀으로 고정시킨 후 박음질합니다.

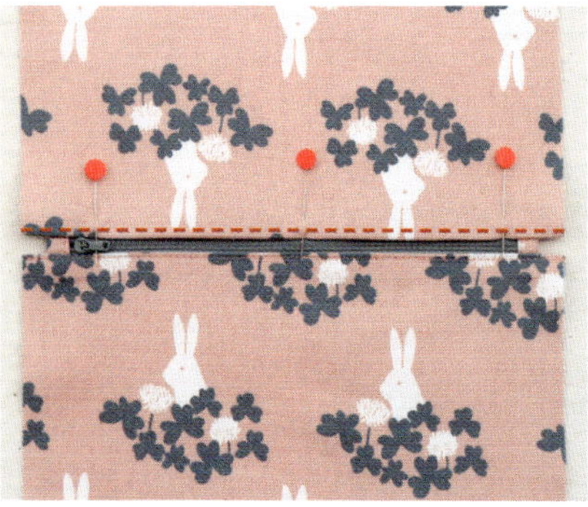

07 남은 원단 A도 지퍼 위에 올려 시침핀으로 고정시킨 후 박음질합니다.

HONGYU'S TIP 이때에도 지퍼와 원단 사이의 간격을 1mm~2mm 정도 둡니다.

08 아래쪽 원단 끝에 수성펜으로 1cm 간격을 두고 시접선을 그어 줍니다. 시접선 바깥쪽에 방울 레이스를 올려놓습니다.

09 방울 레이스와 원단을 시침핀으로 고정시킨 후 박음질합니다.

10 두 원단을 겉면이 마주 보도록 반으로 접어 놓고 시침핀으로 고정시킨 후 박음질합니다.

11 박음질한 선을 피해 모서리 네 곳을 잘라 줍니다.

12 휘갑치기하여 올이 풀리지 않도록 합니다.

HONGYU'S TIP 재봉틀이 있다면 오버로크, 지그재그박기를 하여 올이 풀리지 않도록 합니다.

13 휘갑치기한 겉감을 뒤집어 주고 다림질합니다.

14 자칫 심심해 보일 수 있는 앞면에 라벨을 붙여 포인트를 줍니다.

15 납작 지퍼 파우치 겉감이 완성되었습니다.

16 파우치 안감을 만들어 보겠습니다. 원단 B 2장의 위쪽 시접을 각각 1cm 접은 후 다리미로 다려 줍니다.

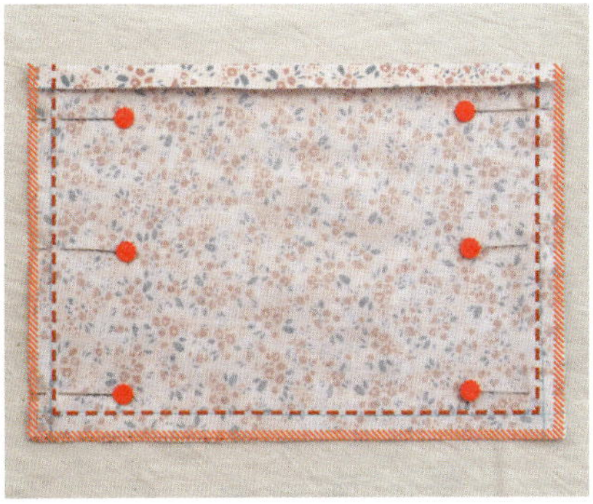

17 겉면이 마주 보도록 포개어 놓고 시침핀으로 고정시킵니다. 위쪽을 제외한 나머지 세 변을 박음질하고 올이 풀리지 않도록 휘갑치기합니다.

HONGYU'S TIP 위쪽 끝부분부터 박음질하면 편리합니다.

18 안감 안에 겉감을 넣은 후 시침핀으로 고정시킵니다. 이때 두 원단의 안면이 마주 보도록 포개어 줍니다.

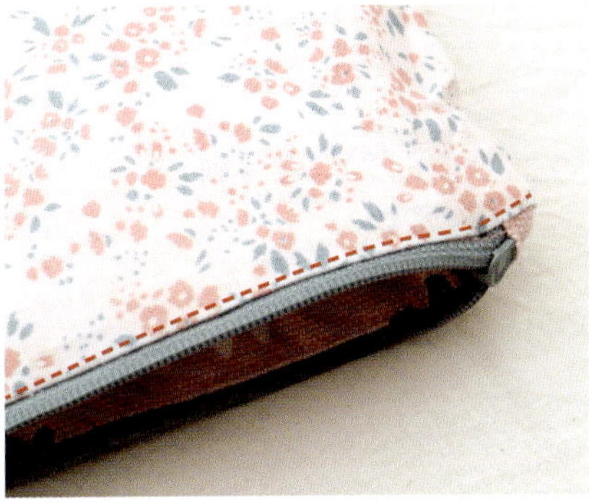

19 고정시킨 안감은 공그르기로 마무리합니다. 이때 지퍼와 원단 사이의 간격을 2mm~3mm 정도 두세요.

20 안감을 뒤집어 주면 납작 지퍼 파우치가 완성됩니다.

Book Cover / 북 커버

책이나 다이어리를 깨끗하게 사용하고 싶나요?
그럼 북 커버를 만들어 보세요.
하나뿐인 나만의 북 커버가 책과 다이어리를 깨끗하게 지켜줄 거예요.

REMEMBER!
ACCIDENTS HURT

×

북 커버

북 커버로 사용하면 좋은 원단

손이 자주 닿는 소품이므로 세탁하기 쉬운 코튼이나 리넨 원단을 사용하면 좋습니다. 또는 손길이 닿을수록 멋스러워지는 가죽 원단도 추천합니다.

북 커버에 사용하면 좋지 않은 원단

울, 니트 원단 등 손에 자주 닿을수록 보풀이 일어나는 원단은 피하는 게 좋습니다.

Ready to do

작품 사이즈

28cm×20cm

준비물

겉감 패치 원단 A : 30cm×13.5cm 1장
겉감 패치 원단 B : 30cm×10.5cm 1장
안감 원단 C : 14cm×22cm 2장
안감 원단 D : 30cm×22cm 1장

재단 도안

* 28cm(앞면+모서리+뒷면)×20cm(세로) 다이어리를 기준으로 재단했습니다.
* 원단 패치를 사용하지 않을 경우 원단 A, B 대신 원단 D를 2장 준비합니다.

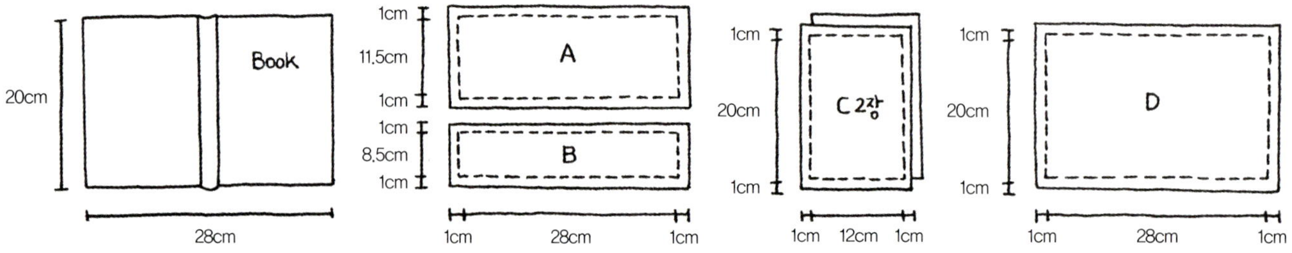

How to make

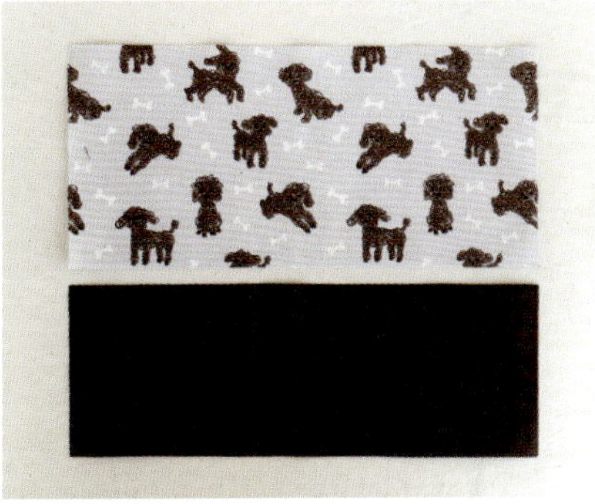

01 패치 원단 A, B를 준비합니다.

HONGYU'S TIP 패치 원단은 서로 다른 원단을 이어 사용하는 것을 뜻합니다.

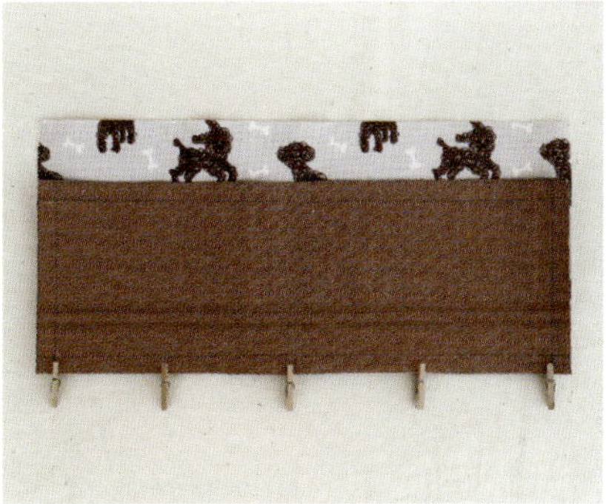

02 겉면이 마주 보도록 포개어 놓고 집게로 고정시킵니다.

HONGYU'S TIP 가죽 원단이나 방수 처리한 라미네이트 원단을 고정시킬 때는 시침핀 대신 집게를 사용해야 원단에 구멍이 생기지 않습니다.

03 집게로 고정시킨 원단을 박음질합니다.

04 박음질한 원단을 다림질합니다. 시접은 가름솔해 줍니다.

HONGYU'S TIP 가죽, 라미네이트 원단 등 열에 약한 원단을 다림질할 경우 다른 원단을 덧댄 후 다림질해야 합니다.
가름솔하는 방법은 25쪽에 있습니다.

05 원단 C 2장은 반으로 접어 줍니다.

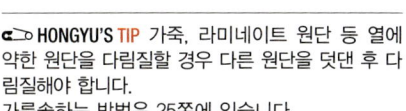

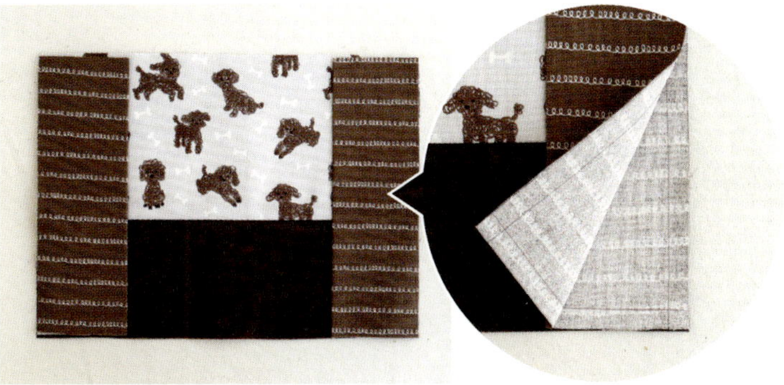

06 02~04번 과정에서 만든 패치 원단을 겉면이 위로 오도록 놓습니다. 원단 C를 패치 원단 양쪽에 각각 포개어 놓습니다.

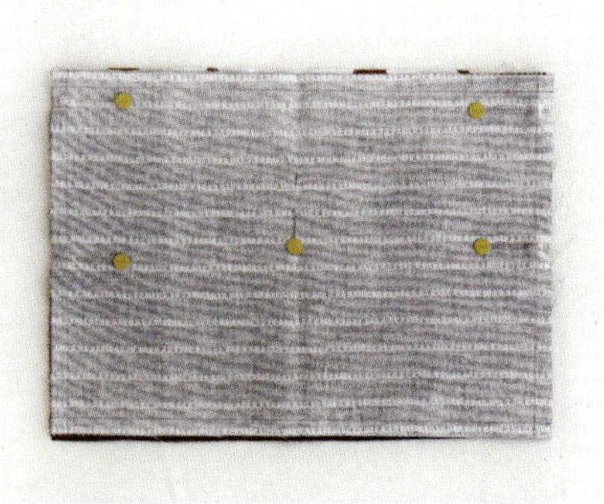

07 원단 D의 안면이 위로 오도록 놓고 시침핀으로 고정시킵니다.

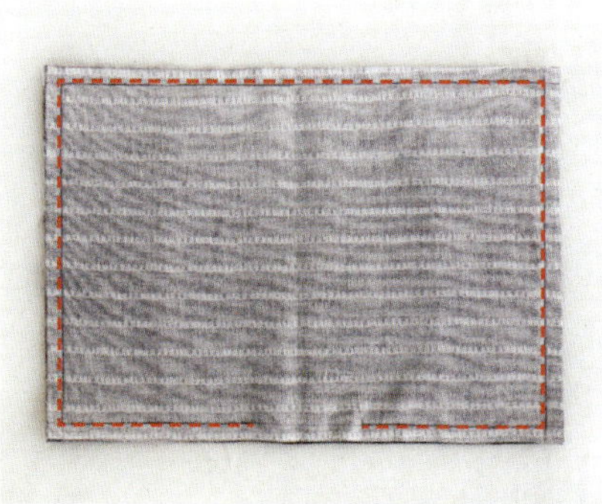

08 아래쪽에 창구멍을 남기고 박음질합니다.

09 박음질 선을 피해 모서리 4곳을 자른 후 가장자리를 휘갑치기하여 올이 풀리지 않도록 합니다.

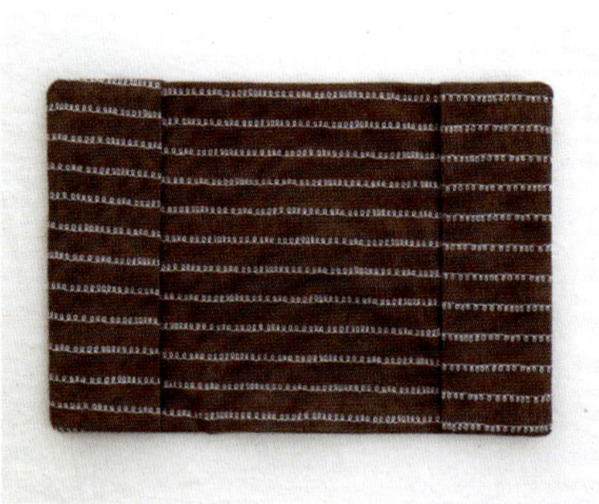

10 창구멍으로 원단을 뒤집어 줍니다. 오른쪽 사진은 뒤집은 원단의 안쪽 모습입니다.

11 창구멍의 시접을 정리하고 공그르기로 마무리합니다.

12 창구멍을 공그르기한 모습입니다.

13 표지를 끼워 주면 북 커버가 완성됩니다.

14 라벨, 단추 등 부자재로 포인트를 주면 또 다른 느낌의 북 커버를 만들 수 있습니다.

String Pouch / 스트링 파우치

스트링 파우치는 납작 지퍼 파우치보다 비교적 쉽게 만들 수 있습니다.
다양한 원단으로 여러 가지 크기의 파우치를 만들어 사용해 보세요.
특히 여행 짐을 꾸리는 것처럼 많은 물건을 한꺼번에 담아야 할 때
유용하게 사용할 수 있을 거예요.

스트링 파우치

스트링 파우치에 사용하면 좋은 원단

실생활에서 자주 사용하며 물이 닿을 수 있는 제품이므로 물세탁하기 쉬운 리넨, 코튼 원단이나 옥스퍼드, 캔버스 원단과 같이 두께감 있는 원단이 좋습니다.

Ready to do

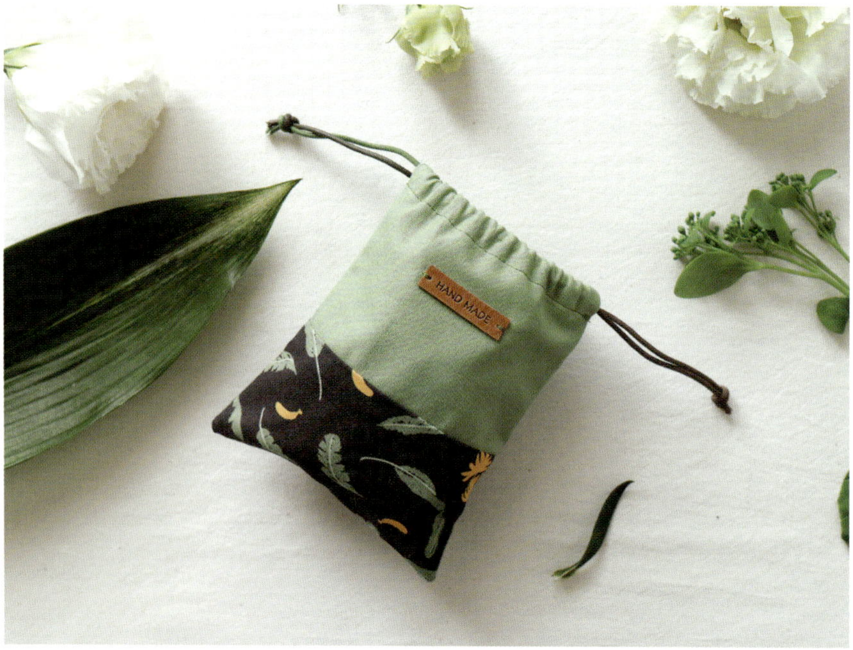

작품 사이즈

13cm×16cm

준비물

패치 원단 A : 15cm×12.5cm 2장
패치 원단 B : 15cm×9cm 2장
스트링 : 90cm 1줄(1마)
라벨 1개 * 라벨이 없을 경우 생략 가능

재단 도안

실물 도안 첨부

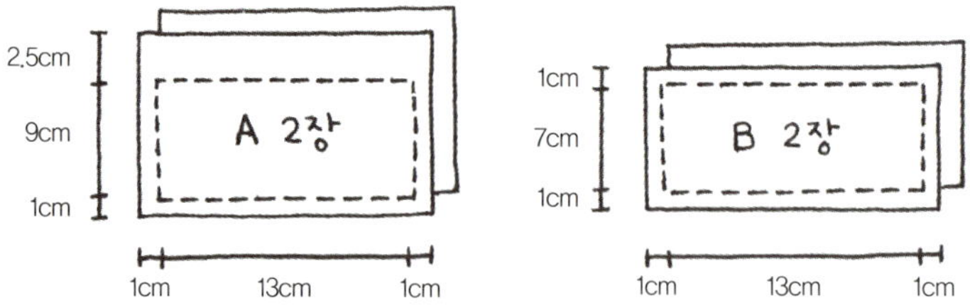

스트링 통과시키기

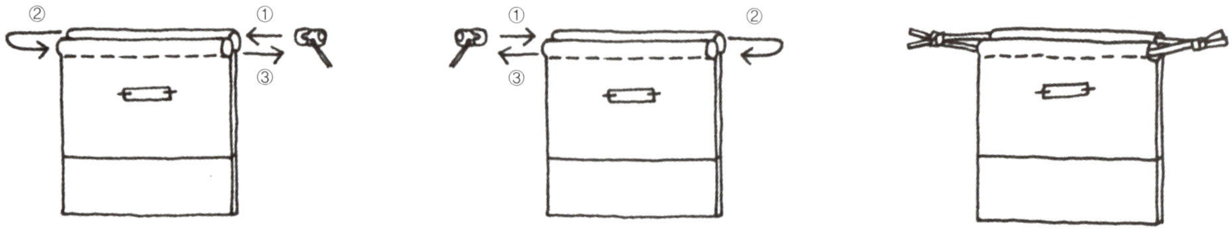

01 90cm 스트링을 45cm로 잘라 준비합니다. 스트링 1줄을 오른쪽에서 왼쪽으로 통과시킵니다.

02 다른 스트링을 왼쪽에서 오른쪽으로 통과시킵니다.

03 두 스트링을 매듭지어 마무리합니다.

How to make

01 패치 원단 A, B를 각각 2장씩 총 4장 준비합니다.

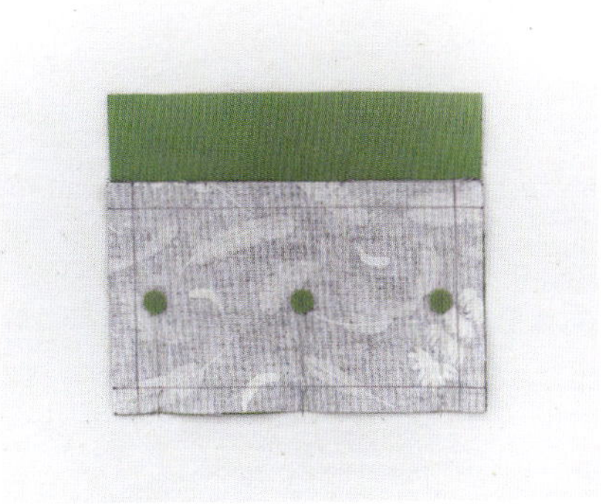

02 원단 A, 원단 B 1장을 겉면이 마주 보도록 포개어 놓은 후 시침핀으로 고정시킵니다.

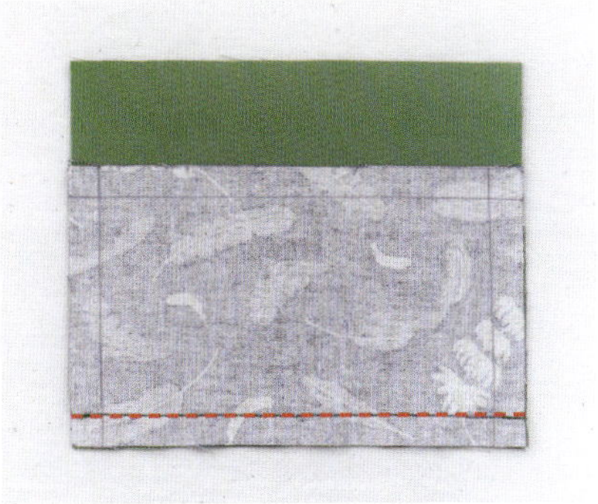

03 아래쪽을 먼저 박음질합니다.

04 올이 풀리지 않도록 휘갑치기합니다.

05 시접을 홑솔하여 다려 주면 겉감이 완성됩니다. 같은 방법으로 1장 더 만들어 주세요.

HONGYU'S TIP 홑솔은 솔기 처리 방법 중 하나로 박음질을 한 시접을 한쪽으로 놓은 후 다림질하는 방법입니다. 시접 정리하는 방법은 25쪽에 있습니다.

06 2장의 겉감을 겉면이 마주 보도록 포개어 놓습니다.

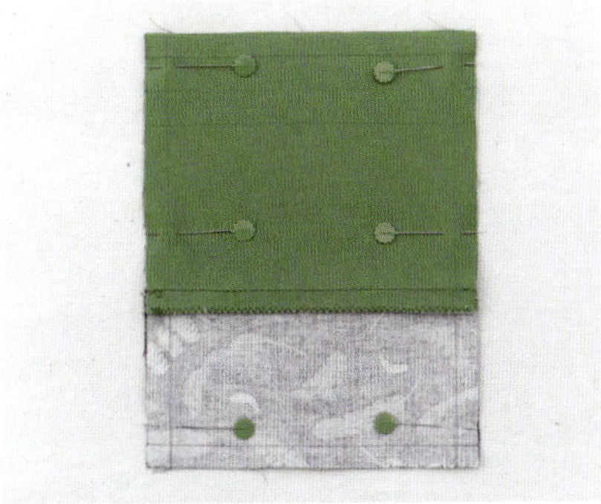

07 두 원단을 시침핀으로 고정시킵니다.

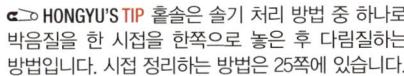

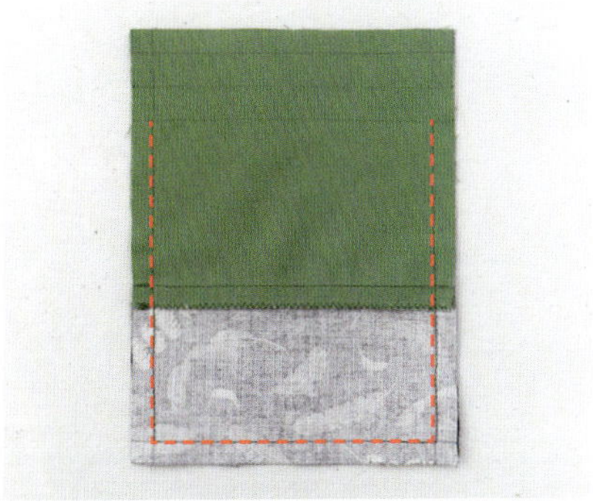

08 위쪽을 제외한 세 변을 ㅐ모양으로 박음질합니다. 이때 박음질은 위쪽에서 4cm 떨어진 곳부터 시작합니다.

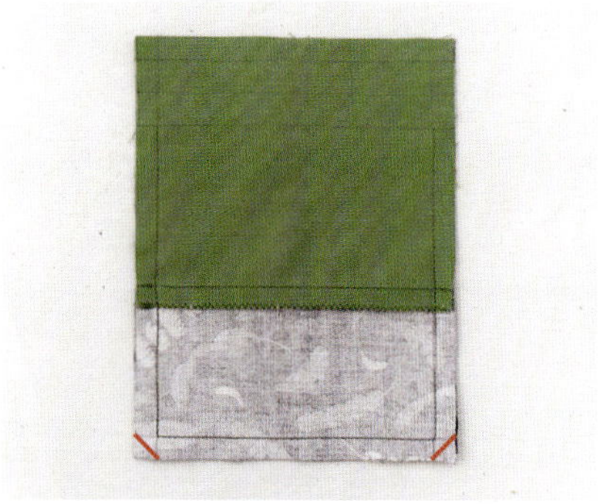

09 박음질 선에 닿지 않도록 모서리를 잘라 줍니다.

HONGYU'S TIP 모서리를 잘라 내야 원단을 쉽게 뒤집을 수 있으며 완성작의 모양이 반듯하게 나올 수 있습니다.

10 원단을 뒤집어 줍니다.

11 박음질하지 않고 남겨둔 위쪽 시접을 1cm 접어 줍니다.

12 양 옆의 시접을 1cm 접어 줍니다.

13 다시 한 번 위쪽의 시접을 1.5cm 접어 줍니다.

14 시침핀으로 시접을 고정시킵니다.

15 아래쪽에서 1mm~2mm 간격을 두고 박음질합니다.

16 반대편도 동일하게 시접을 접고 시침핀으로 고정시킨 후 박음질합니다.

17 양쪽 시접을 박음질한 모습입니다.

18 구멍에 스트링을 통과시키겠습니다. 90cm 스트링을 45cm로 잘라 준비합니다. 옷핀에 스트링을 끼워 줍니다.

HONGYU'S TIP 고무줄 바늘은 끝이 뭉툭하며 바늘귀가 넓으므로 스트링을 끼울 때 많이 사용하는 바늘입니다. 고무줄 바늘이 없을 경우 작은 옷핀으로도 스트링을 끼울 수 있습니다.
스트링 통과시키기 일러스트 도안은 44쪽에 있습니다.

19 옷핀을 오른쪽에서 왼쪽으로 통과시킵니다. 한 바퀴 도는 형태로 옷핀을 왼쪽에서 오른쪽으로 통과시킵니다.

20 첫 번째 스트링이 파우치 구멍에 끼워졌습니다.

21 두 번째 스트링을 옷핀에 끼운 후 왼쪽에서 오른쪽으로 통과시킵니다. 한 바퀴 도는 형태로 옷핀을 오른쪽에서 왼쪽으로 통과시킵니다.

22 스트링 끝을 매듭지어 정리하고 라벨을 붙여 포인트를 주면 스트링 파우치가 완성됩니다.

Ecobag / 에코백

마트나 시장을 갈 때, 짐을 챙겨서 외출할 때,
종이 가방이나 비닐 봉투 대신
에코백을 사용하는 건 어떨까요?
데일리용으로도 손색없는 에코백을 만들어 보세요.

×

에코백

에코백에 사용하면 좋은 원단

광목, 리넨, 옥스퍼드, 캔버스, 니트, 울, 라미네이트 원단 등 다양한 원단을 사용 할 수 있습니다.

가벼운 에코백을 만들고 싶다면 광목, 리넨 원단을 선택하고 무게가 큰 물건을 자주 담는다면 옥스퍼드, 캔버스 원단과 같이 두껍고 튼튼한 원단을 선택하면 됩니다. 계절에 따라 니트, 울 원단을 사용하기도 합니다.

Ready to do

작품 사이즈

40cm×40cm

준비물

겉감 패치 원단 A : 42cm×17cm 1장
겉감 패치 원단 B : 42cm×7cm 1장
겉감 패치 원단 C : 42cm×22cm 1장
겉감 원단 D : 42cm×42cm 1장
안감 원단 E : 42cm×42cm 2장
주머니 원단 F : 17cm×40cm 1장
겉감 가방끈 원단 G : 70cm×5cm 2장
안감 가방끈 원단 H : 70cm×5cm 2장
• 웨이빙 끈으로 대체 가능
끼움 라벨 1개

재단 도안

실물 도안 첨부

• 원단 패치를 사용하지 않을 경우 원단 A, B, C 대신 원단 D 2장을 준비합니다.

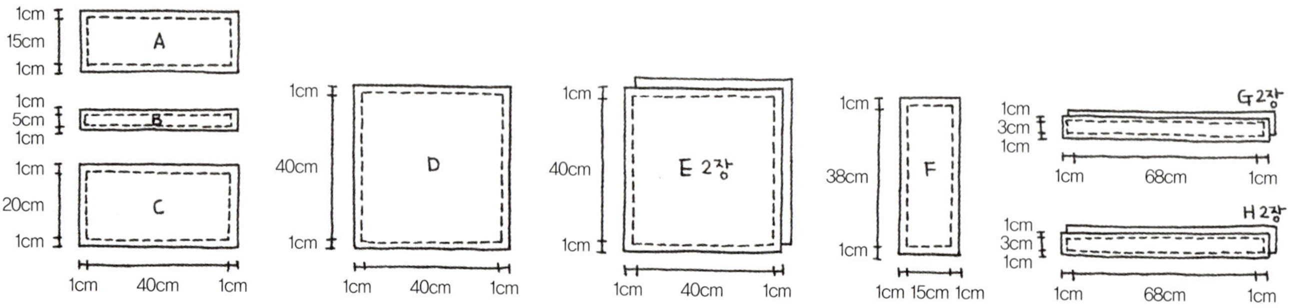

How to make

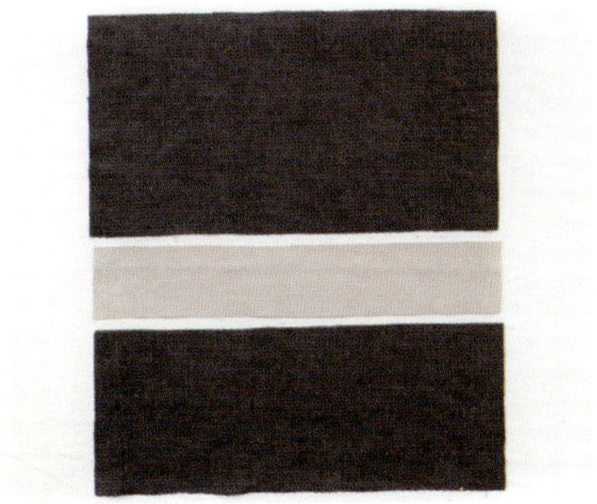

01 양면으로 사용할 수 있는 에코백을 만들어 보겠습니다. 에코백이 심심해 보이지 않도록 겉감이 될 패치 원단 A, B, C를 각각 1장씩 준비합니다.

HONGYU'S TIP 패치 원단을 사용하지 않는다면 겉감 원단 D를 2장 준비합니다.

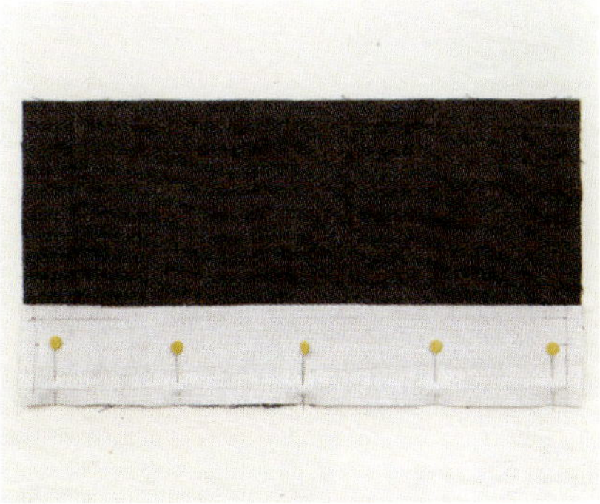

02 원단 A, B를 겉면이 마주 보도록 포개어 놓습니다. 두 원단을 시침핀으로 고정시킵니다.

HONGYU'S TIP 두 원단을 포갤 때 원단 B는 원단 A 아래쪽에 맞춰 포개야 합니다.

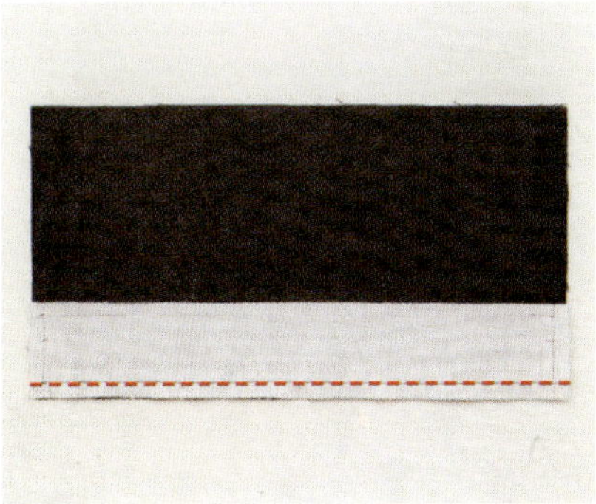

03 아래쪽의 바느질 선에 맞춰 박음질합니다.

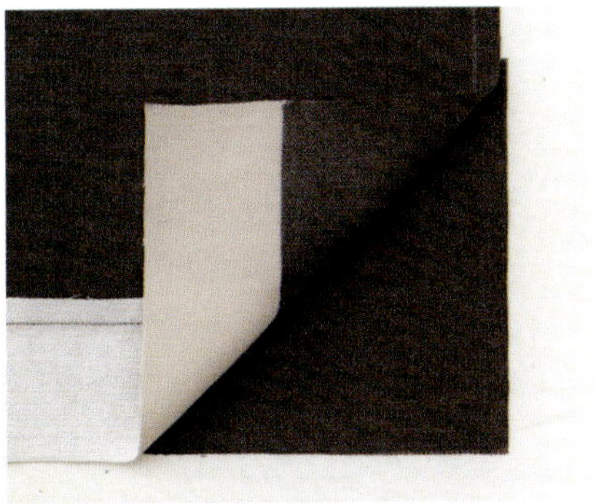

04 박음질한 시접은 가름솔하여 다려 주고 원단 C와 겉면이 마주 보도록 포개어 놓습니다.

HONGYU'S TIP 패치 원단 C는 패치 원단 B 아래쪽에 맞춰 포개어 놓습니다.
가름솔하는 방법은 25쪽에 있습니다.

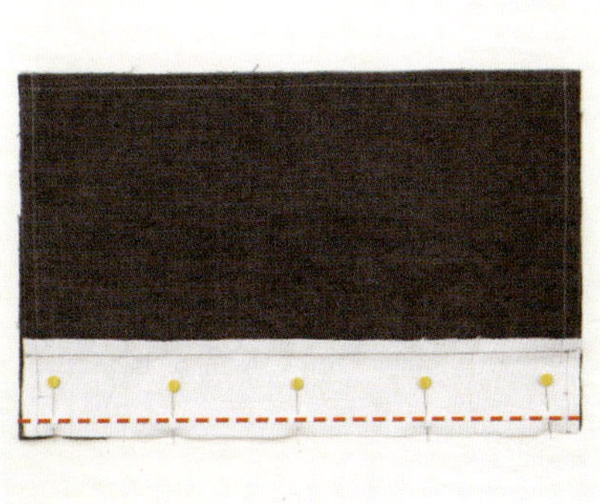

05 원단을 시침핀으로 고정시킨 후 아래쪽의 바느질 선에 맞춰 박음질합니다.

06 시접을 가름솔하여 다려 주면 겉감 앞면이 완성됩니다.

07 패치한 원단과 원단 D를 겉면이 마주 보도록 포개어 놓고 시침핀으로 고정시킵니다. 위쪽을 제외한 세 변을 바느질 선에 맞춰 박음질합니다.

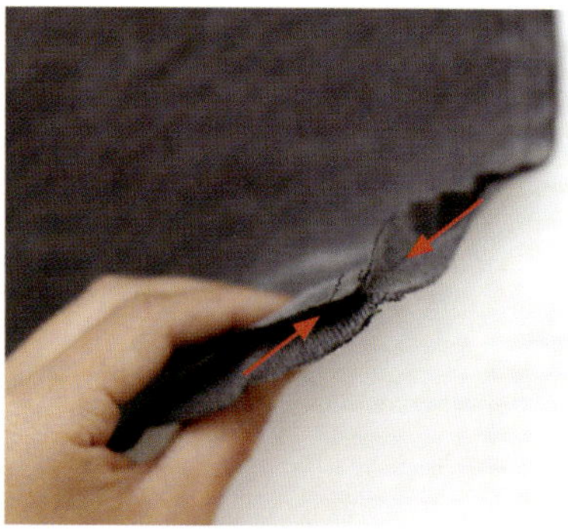

08 모서리를 접어 옆선과 바닥의 중심선이 일자가 되도록 겹쳐 줍니다.

09 모서리를 접은 모습입니다. 같은 방법으로 반대편 모서리도 접어 줍니다.

10 오른쪽에서 3cm 정도 간격을 두고 세로로 반듯하게 선을 그은 후 시침핀으로 고정시킵니다. 같은 방법으로 반대편 모서리도 선을 그어 줍니다.

11 양쪽에 선을 긋고 시침핀으로 고정시킨 모습입니다. 그어 놓은 선을 따라 박음질합니다.

12 모서리를 박음질한 모습입니다.

13 박음질한 곳을 피해서 모서리를 자릅니다.

14 원단을 뒤집어 주면 겉감이 완성됩니다.

HONGYU'S TIP 완성된 겉감에 라벨을 붙여 포인트를 주면 좋습니다.

15 에코백에 넣을 주머니를 만들어 보겠습니다. 원단 F의 네 변을 각각 시접 1cm 접은 후 반으로 접습니다.

16 주머니의 입구가 될 위쪽을 시침핀으로 고정시킨 후 1mm~2mm 정도 간격을 두고 박음질합니다.

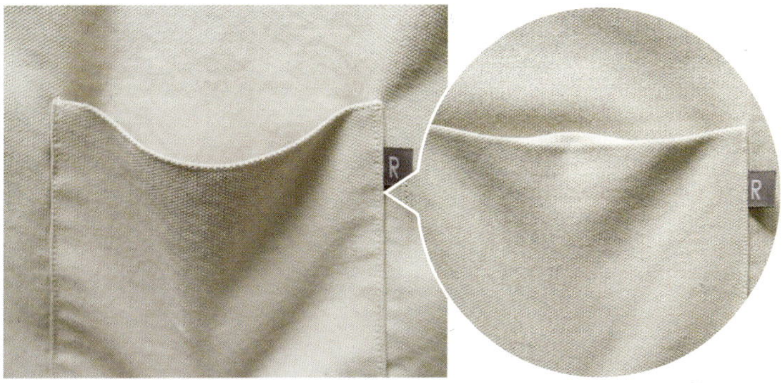

17 주머니 입구를 박음질한다면 모양이 흐트러지지 않습니다.

18 완성된 주머니를 원단 E의 겉면 중앙에 올려놓고 시침핀으로 고정시킵니다.

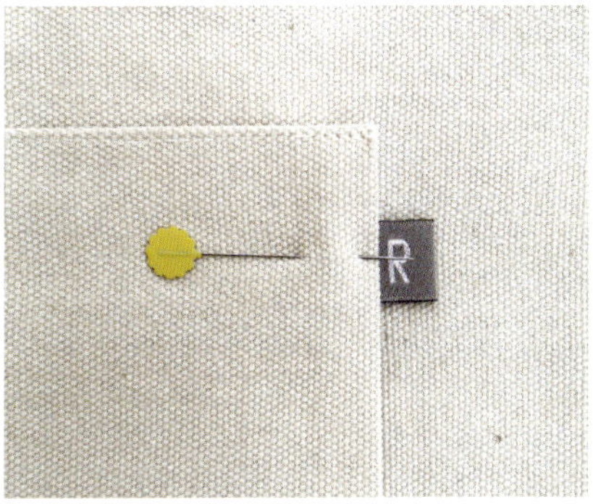

19 끼움 라벨을 원하는 위치에 놓은 후 시침핀으로 고정시킵니다.

20 주머니의 위쪽을 제외한 세 변을 ㅂ모양으로 박음질합니다.

21 원단 E 2장도 07~14번 과정과 같이 바느질합니다.

22 완성된 겉감, 안감은 위쪽의 시접을 접은 후 다림질합니다.

23 안감을 겉감에 넣어 줍니다.

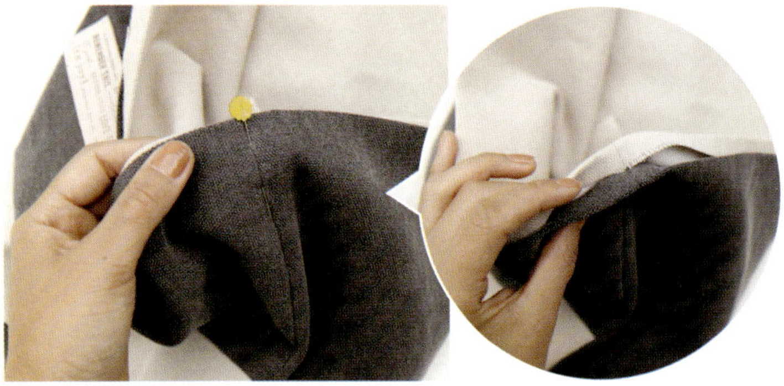

24 양끝을 시침핀으로 고정시킵니다.

25 에코백의 끈을 만들어 보겠습니다. 가방 끈 원단 G, H를 각각 2장씩 준비합니다.

HONGYU'S TIP 에코백 끈을 만들지 않고 도톰한 웨이빙 끈을 사용해도 좋습니다.

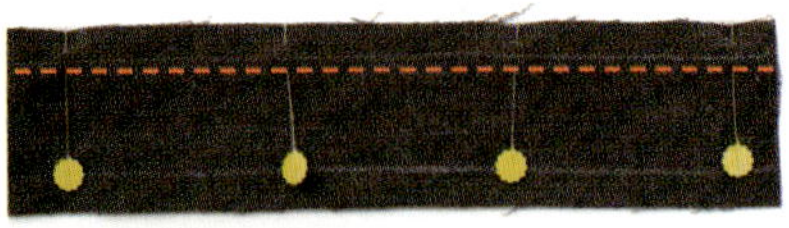

26 겉면이 마주 보도록 포개어 놓고 시침핀으로 고정시킵니다. 원단의 위쪽을 박음질한 후 펼쳐 줍니다.

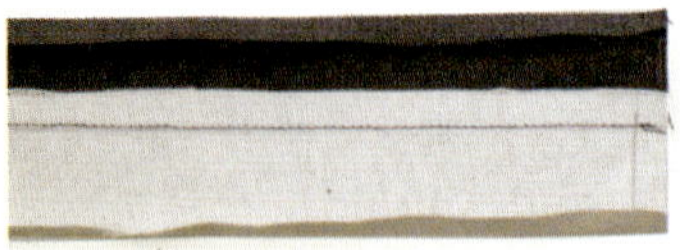

27 박음질한 원단의 위쪽과 아래쪽에 각각 시접을 1cm 접어 줍니다.

28 원단을 반으로 접고 시침핀으로 고정시킵니다.

29 위쪽, 아래쪽에 각각 1mm~2mm 정도 간격을 두고 박음질합니다.

30 색이 다른 가방끈이 완성되었습니다.

31 좌우 9cm 정도 간격을 두고 가방끈을 놓습니다. 겉감과 안감을 시침핀으로 고정시킵니다. 뒷면에도 가방끈을 놓고 시침핀으로 고정시킵니다. 위쪽에서 1mm~2mm 정도 간격을 두고 박음질합니다.

32 양면으로 사용할 수 있는 에코백이 완성되었습니다.

Pencilcase / 필통

원단도 크기도 내 마음대로!
원하는 스타일의 필통을 만들어 보세요.
자주 잃어버리던 필기구도 소중히 보관할 수 있고
책상 위, 가방 안도 깔끔하게 정리할 수 있어요.

×

필통

필통으로 사용하면 좋은 원단

리넨, 코튼 원단으로도 필통을 만들 수 있지만 샤프, 연필, 칼, 자 등 끝이 뾰족한 물건을 담기 때문에 조직이 튼튼한 옥스퍼드, 캔버스 원단을 사용하는 게 좋습니다.

하지만 옥스퍼드, 캔버스 원단은 두껍기 때문에 안감으로 적당하지 않습니다. 안감으로는 코튼, 리넨 원단 등을 사용하면 좋습니다.

Ready to do

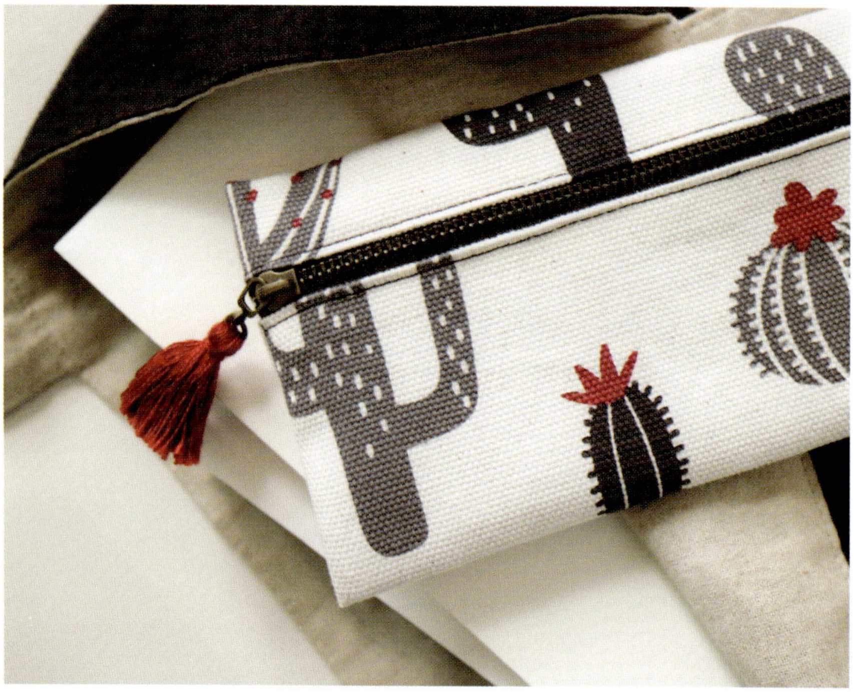

작품 사이즈

20cm×9cm

준비물

겉감 원단 A : 22cm×20cm 1장
안감 원단 B : 22cm×20cm 1장
지퍼 : 24cm 1개

재단 도안

* 안감 원단은 어두운 색으로 사용하는 게 좋습니다.

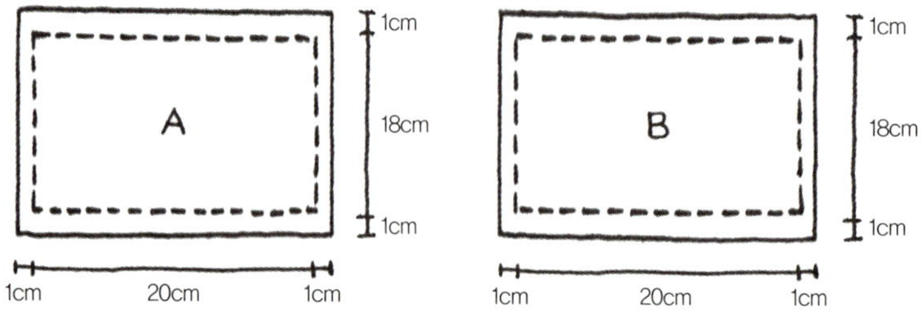

How to make

01 원단 A, B 가로에 지퍼를 달겠습니다. 두 원단 위쪽, 아래쪽에 각각 시접을 1cm 접어 줍니다.

HONGYU'S TIP 갈색 원단은 안감, 선인장 그림이 있는 원단은 겉감입니다.

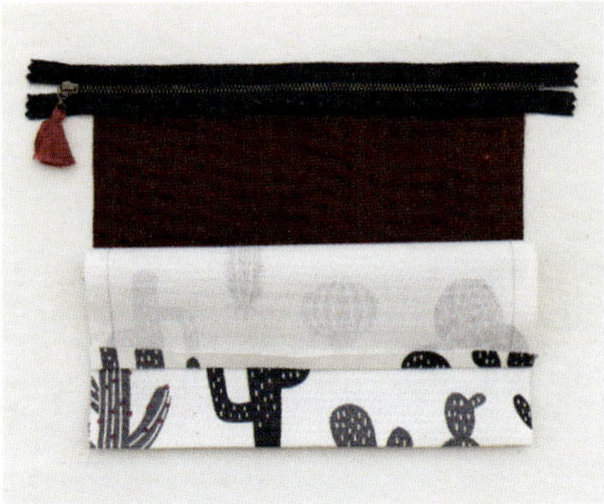

02 원단 B의 안면이 위로 오도록 놓고 시접을 넣은 부분에 맞춰 지퍼를 올려놓습니다. 지퍼 위에 원단 A를 겉면이 위로 오도록 포개어 놓습니다.

03 포개어 놓은 원단과 지퍼를 시침핀으로 고정시킵니다. 오른쪽 사진은 시침핀으로 고정시킨 뒷면의 모습입니다.

04 지퍼와 원단 사이에 1mm~2mm 간격을 두고 박음질합니다.

HONGYU'S TIP 지퍼와 원단 사이에 공간이 없을 경우 지퍼알이 움직이지 않거나 빽빽하게 여닫힐 수 있습니다.

05 펜으로 지퍼에 바느질 선을 그어 줍니다.

06 지퍼와 지퍼알을 분리시킵니다.

07 분리시킨 지퍼를 반대쪽 원단에 놓고 시침핀으로 고정시킵니다. 위쪽에서 1mm~2mm 정도 간격을 두고 박음질합니다.

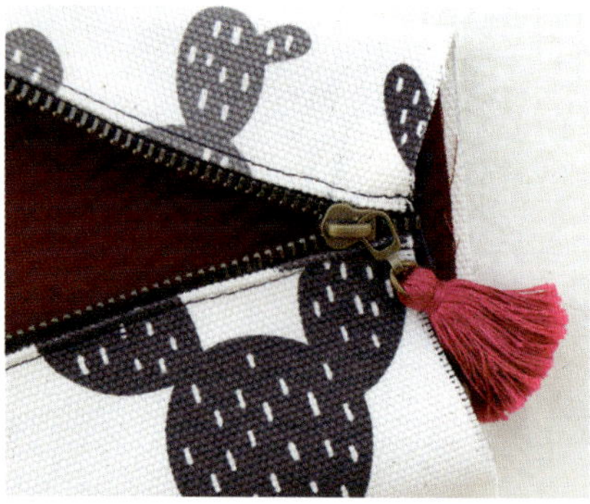

08 지퍼알을 다시 끼워 줍니다.

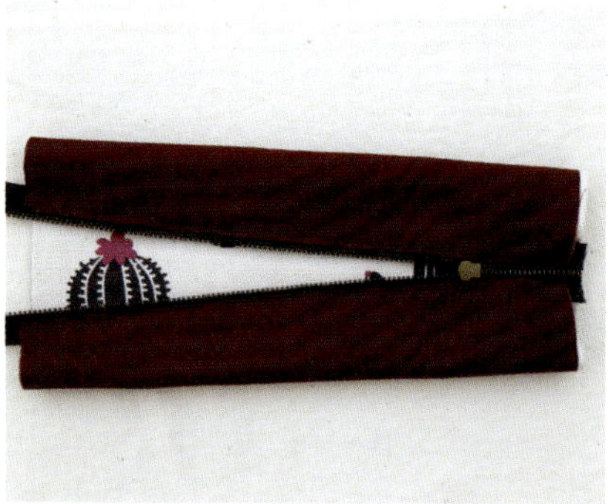

09 지퍼알을 끼운 후 안감이 보이도록 뒤집어 줍니다.

10 사진과 같이 겉감과 안감 사이로 원단을 뒤집어 줍니다.

11 원단을 뒤집어 주는 중간 모습입니다.

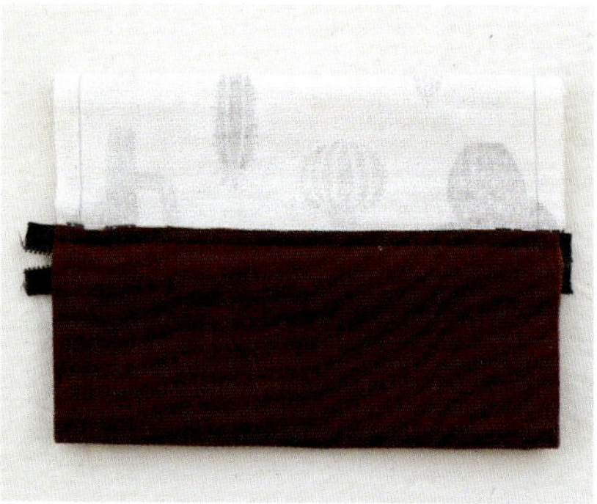

12 뒤집은 원단을 겉감, 안감으로 나누어 정리합니다.

13 지퍼가 원하는 위치에 오도록 모양을 잡아 줍니다.

14 지퍼알을 중앙으로 보내고 지퍼가 벌어지지 않도록 시침핀으로 끝을 고정시킵니다.

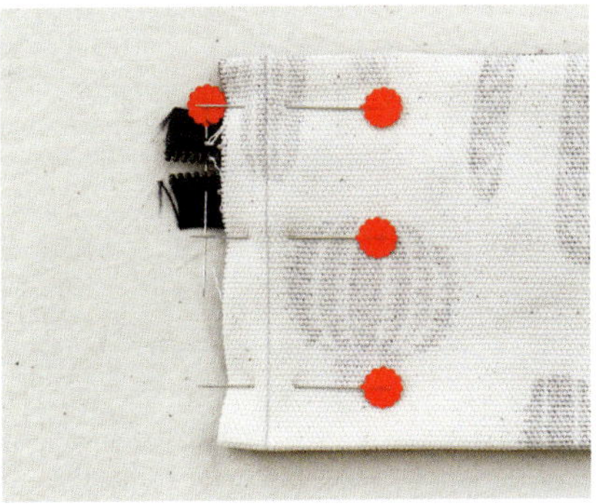

15 원단도 시침핀으로 고정시킵니다.

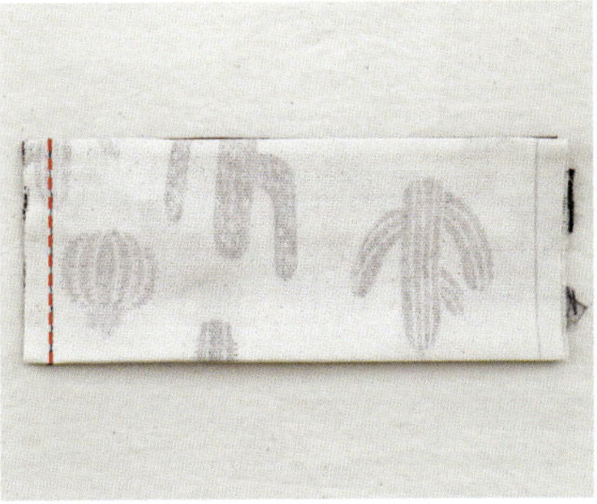

16 시침핀으로 지퍼를 고정시킨 쪽만 박음질합니다.

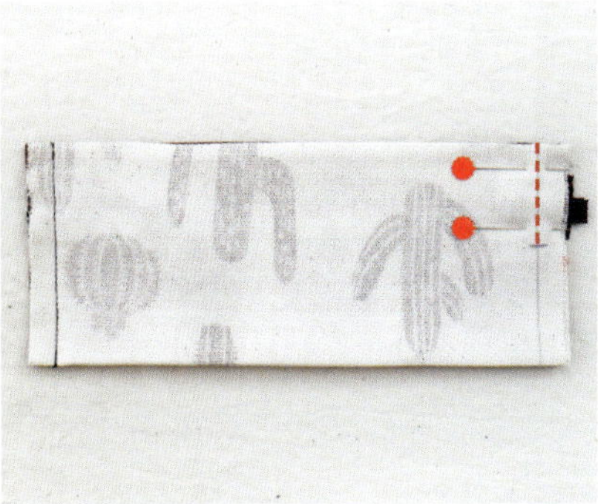

17 오른쪽은 위쪽부터 지퍼가 있는 곳까지만 박음질합니다.

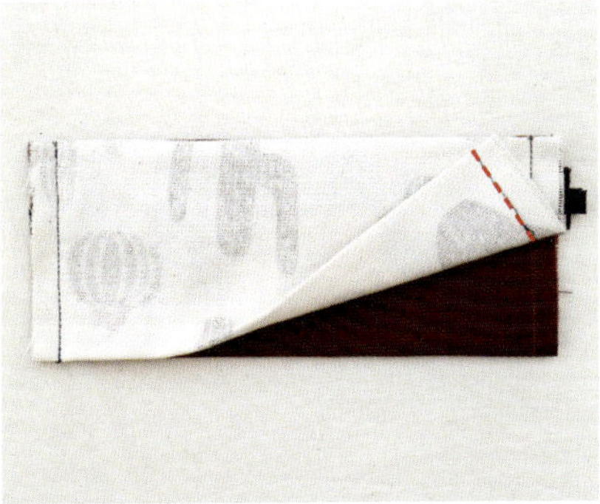

18 나머지 아래쪽 부분은 겉감만 박음질합니다. 박음질하지 않은 안감 부분은 창구멍으로 사용합니다. 이때 튀어나온 지퍼는 잘라 정리합니다.

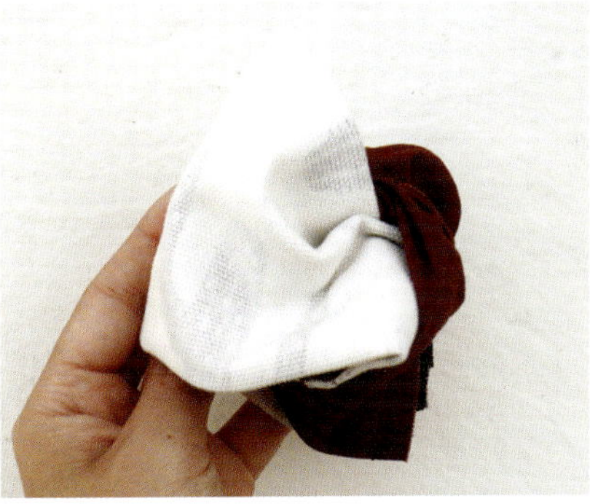

19 안감 창구멍을 통해 원단을 뒤집어 줍니다.

20 원단을 뒤집은 모습입니다.

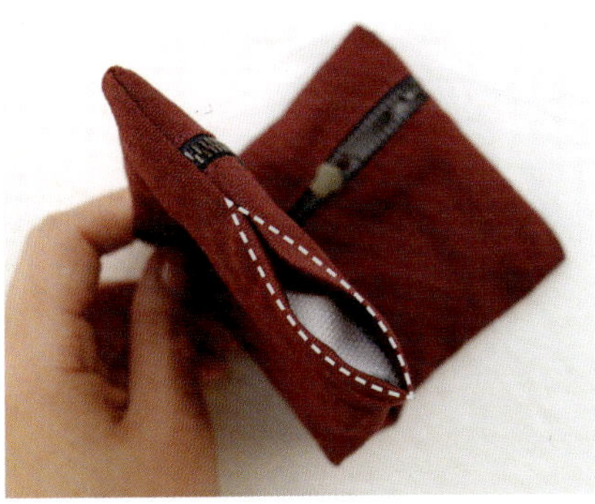

21 창구멍은 공그르기로 마무리합니다.

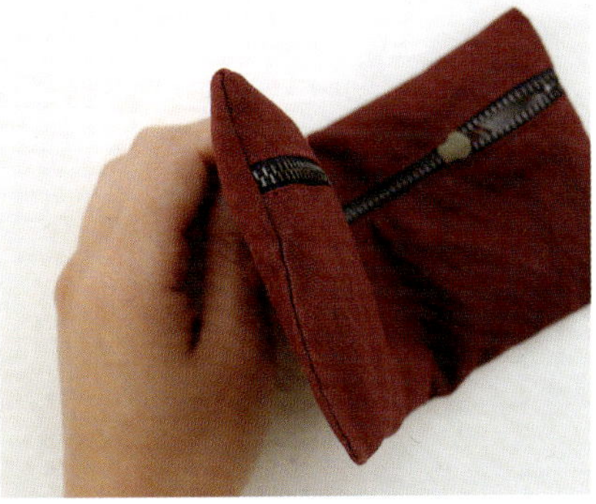

22 공그르기한 모습입니다.

23 지퍼를 열고 안감을 뒤집어 주면 필통이 완성됩니다.

실로 태슬 만들기

01 원하는 색상의 실을 준비합니다. 두꺼운 종이에 원하는 태슬 길이의 2배가 되도록 실을 감아 줍니다.

HONGYU'S TIP 여기에서는 3cm 길이의 태슬을 만들기 위해 세로 길이가 6cm인 종이를 사용했습니다.

02 적당히 풍성하게 감긴 실을 종이에서 빼냅니다.

03 감아둔 실을 O링 안으로 통과시킵니다. 이때 O링은 실 중심에 둡니다.

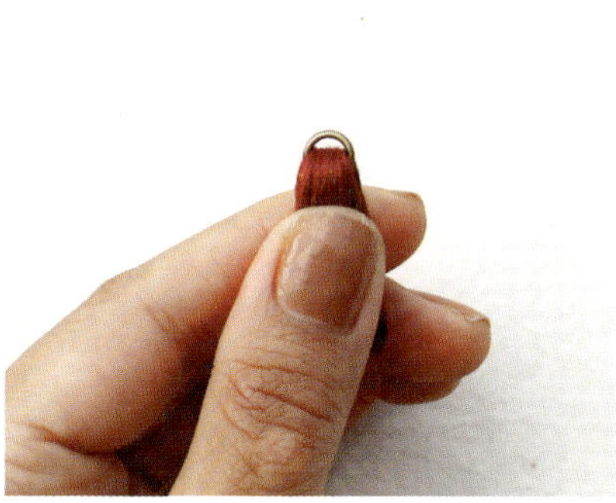

04 통과시킨 실을 반으로 접어 줍니다.

05 반으로 접은 실의 위쪽을 같은 색의 실로 감아 매듭짓습니다.

06 끝부분을 가위로 정리해 주면 태슬이 완성됩니다.

HONGYU'S TIP 태슬은 파우치, 액세서리 등 다양한 소품에 사용할 수 있습니다.

HONGYU
A
B
C

Sewing 2

Kitchen

주방

Apron / 앞치마

요리, 청소를 하거나 가드닝 같이
쉽게 옷이 더러워질 수 있는 일을 한다면 앞치마를 만들어보세요.
옷이 지저분해질 염려도 없을 뿐더러 앞치마 앞주머니에
소지품, 작업 도구 등을 넣을 수 있어 편리하답니다.

여기에서는 풀 에이프런과
하프 에이프런을 만들어 보겠습니다.

×

풀 에이프런

풀 에이프런에 사용하면 좋은 원단

실생활에서 자주 사용하는 제품이므로 세탁하기 쉬운 리넨이나 코튼과 같은 원단이 좋습니다. 가드닝, DIY 등에 착용할 에이프런이라면 옥스퍼드, 데님과 같은 도톰한 원단을 사용하는 게 좋습니다.

Ready to do

작품 사이즈

104cm×70cm

준비물

겉감 원단 A : 109cm×76.5cm 1장

허리끈 원단 B : 5cm×77cm 2장

목 끈 원단 C : 5cm×62cm 1장

* 목 끈, 허리끈은 바이어스로 대체 가능

고리 끈 원단 D : 5cm×9cm 1장

주머니 원단 E : 20.5cm×32cm 1장

□링 2개

* 링을 사용하지 않고 매듭으로 끈의 길이를 조절하고 싶다면 생략 가능

라벨 1개

재단 도안

(실물 도안 첨부)

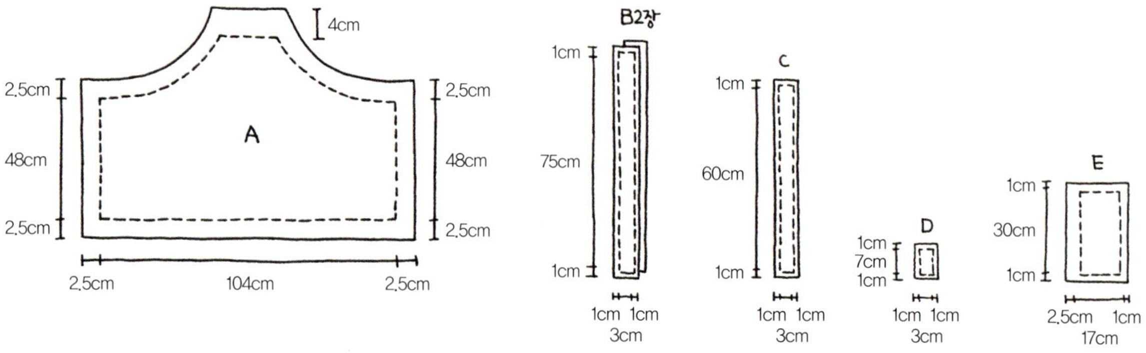

How to make

01 원단 B, C, D로 목 끈, 허리끈부터 만들겠습니다. 만드는 방법은 동일합니다.

02 사진과 같이 원단 끝의 시접을 접어 줍니다.

03 사진과 같이 위쪽, 아래쪽에 시접을 접어 줍니다.

04 반으로 접은 후 위쪽과 좌우에 1mm~2mm 정도 간격을 두고 박음질합니다. 같은 방법으로 허리끈도 만들어 줍니다.

HONGYU'S TIP 가죽 끈, 웨이빙 끈을 구입해서 목 끈과 허리끈으로 사용해도 좋습니다.

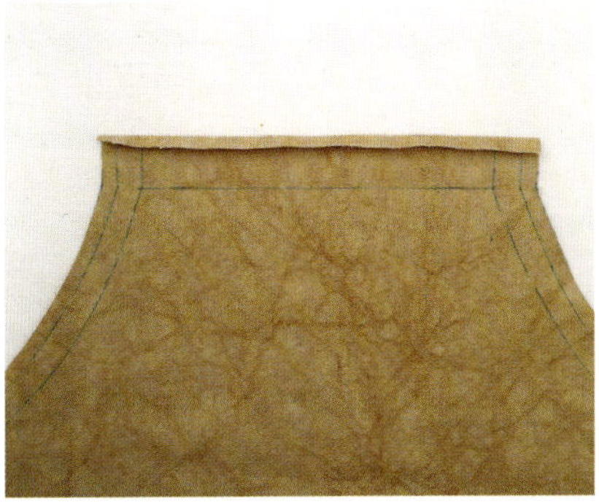

05 원단 A 위쪽에 시접을 1cm 접어 줍니다.

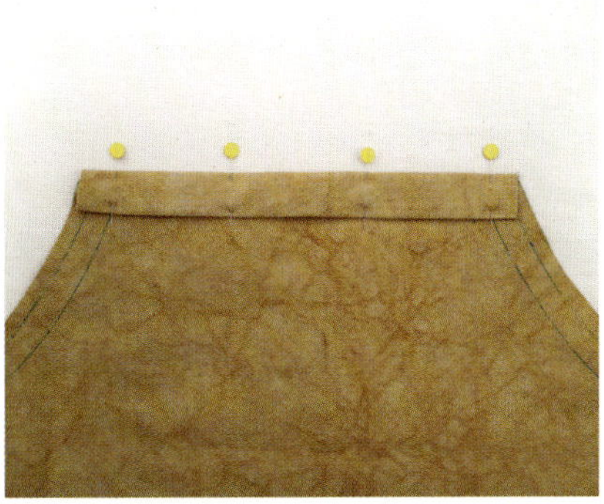

06 이어서 3cm를 더 말아 접은 후 시침핀으로 고정시킵니다.

HONGYU'S TIP 시접을 크게 말아 접으면 앞치마를 착용할 때 가슴 부분의 원단이 쉽게 흐트러지지 않습니다.

07 위쪽, 아래쪽에 1mm~2mm 정도 간격을 두고 박음질합니다.

08 좌우를 각각 1cm 접고, 1.5cm 더 말아 접은 후 시침핀으로 고정시킵니다.

09 아래쪽도 1cm 접고, 1.5cm 더 말아 접은 후 시침핀으로 고정시킵니다.

10 시침핀으로 고정시킨 세 변을 모두 박음질합니다. 이때 박음질은 시계 방향 순서로 진행합니다.

11 목 끈을 앞치마 위쪽에 시침핀으로 고정시킵니다. 준비한 ㅁ링 2개에 원단 D로 만든 끈을 끼워 줍니다.

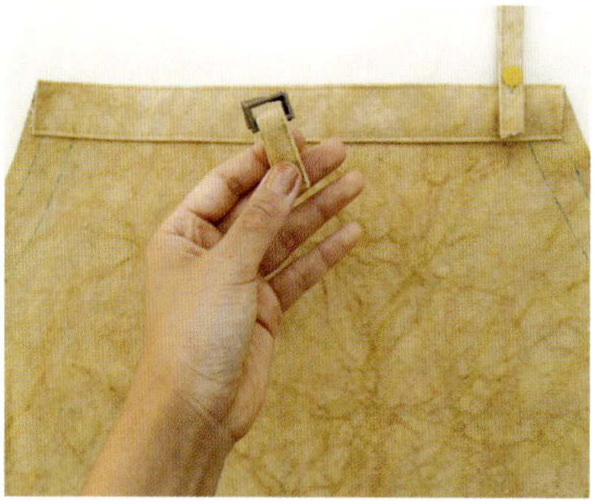

12 끈을 반으로 접어 고리를 만들어 줍니다. ㅁ링이 없을 경우 원단 D를 반으로 접어 사용해도 됩니다.

13 끈을 사진과 같이 시접선 안쪽에 놓습니다. 시침핀으로 고정시킨 후 박음질합니다. 같은 방법으로 목 끈도 박음질합니다.

14 허리끈도 시침핀으로 고정시키고 박음질합니다.

HONGYU'S TIP 바이어스를 사용해도 같은 방법으로 박음질합니다.

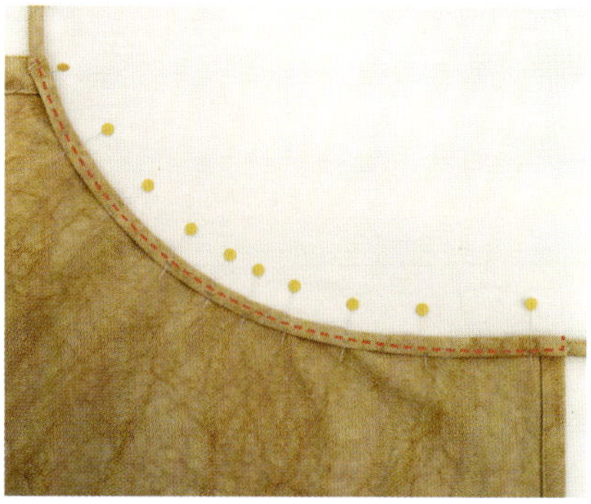

15 목 끈과 허리끈이 연결되는 곡선 부분을 1cm 접고, 1.5cm 더 말아 접습니다. 시침핀으로 고정시킨 후 박음질합니다.

HONGYU'S TIP 곡선 부분을 접기 어렵다면 미리 시접을 다리미로 다려 주거나 시침핀으로 촘촘하게 고정시키면 수월하게 접을 수 있습니다.

16 주머니를 만들어 보겠습니다. 주머니 원단 E의 시접을 1cm 접어 줍니다.

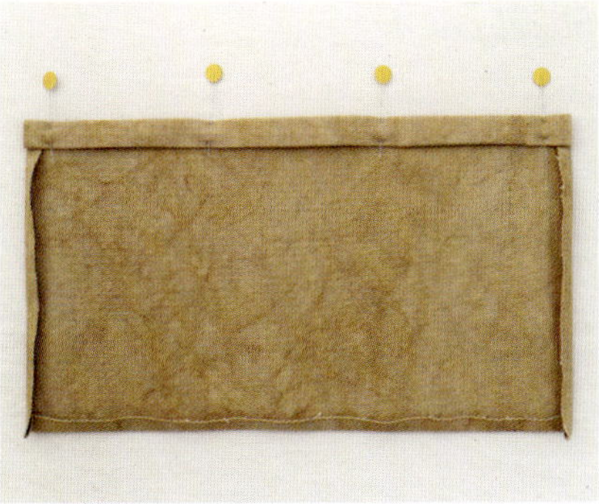

17 위쪽은 1.5cm를 더 말아 접은 후 시침핀으로 고정시킵니다.

18 위쪽, 아래쪽에 1mm~2mm 정도 간격을 두고 박음질합니다.

19 원하는 위치에 라벨을 붙여 포인트를 줍니다. 라벨이 없을 경우 생략해도 좋습니다.

HONGYU'S TIP 주머니 가장자리에 끼움 라벨을 넣어 포인트를 줘도 좋습니다.

20 주머니 원단을 원하는 곳에 놓고 시침핀으로 고정시킵니다.

21 위쪽을 제외한 나머지 세 변을 박음질합니다. 주머니 중심을 박음질하여 칸을 나눠 줍니다.

22 풀 에이프런이 완성되었습니다.

XX

하프 에이프런

하프 에이프런에 사용하면 좋은 원단

실생활에서 자주 사용하는 제품이므로 세탁하기 쉬운 리넨이나 코튼과 같은 원단이 좋습니다.

Ready to do

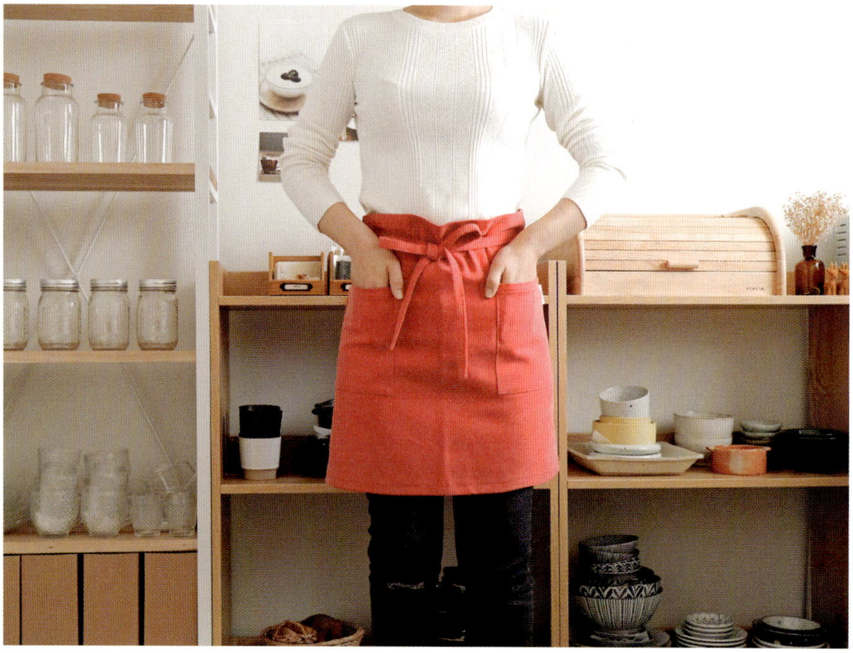

작품 사이즈

104cm×45cm

준비물

겉감 원단 A : 109cm×50cm 1장
주머니 원단 B : 17cm×22cm 2장
허리끈 원단 C : 77cm×5cm 2장
* 허리끈은 바이어스로 대체 가능
라벨 1개

재단 도안

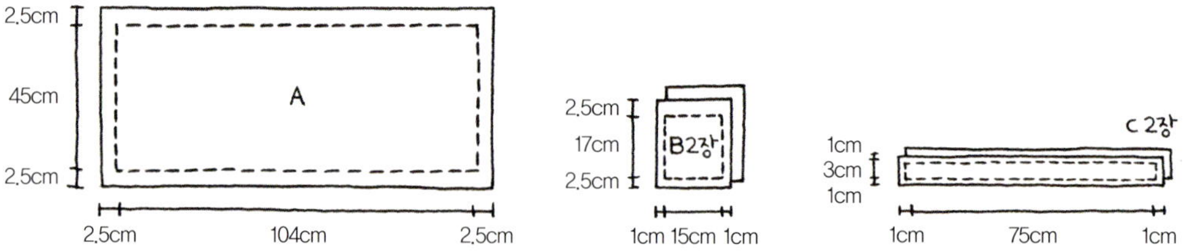

How to make

01 원단 A의 오른쪽을 1cm 접고, 1.5cm를 더 말아 접은 후 시침핀으로 고정시킵니다. 반대편도 같은 방법으로 접어 줍니다.

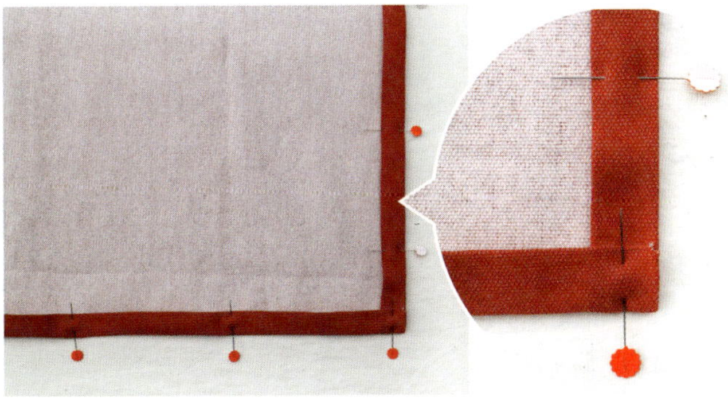

02 아래쪽도 같은 방법으로 접은 후 모서리 부분을 사진과 같이 정리하고 시침핀으로 고정시킵니다.

03 고정시킨 세 변을 박음질합니다. 박음질 순서는 시계 방향으로 진행합니다.

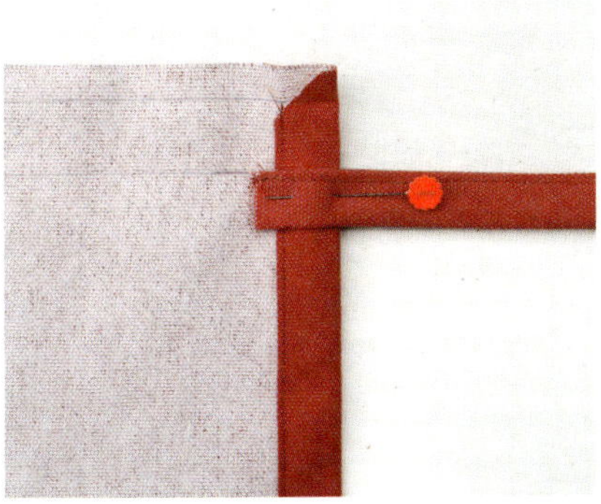

04 허리끈을 사진과 같이 맨 안쪽 시접선에 놓고 시침핀으로 고정시킵니다.

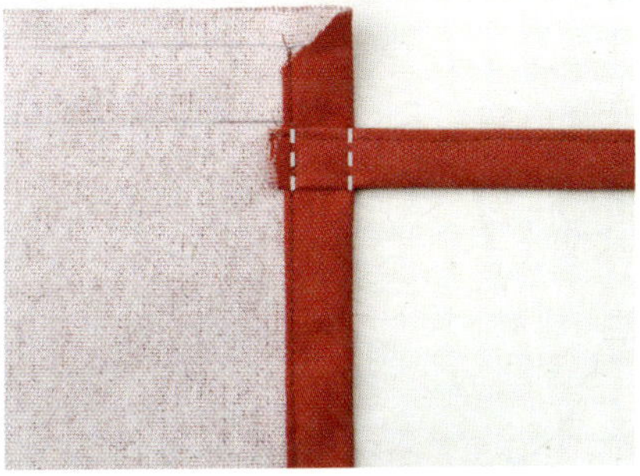

05 허리끈을 단단하게 고정시키기 위해 표시된 두 곳을 박음질합니다.

06 위쪽에 시접을 1cm 접고, 1.5cm 더 말아 접은 후 시침핀으로 고정시키고 박음질합니다.

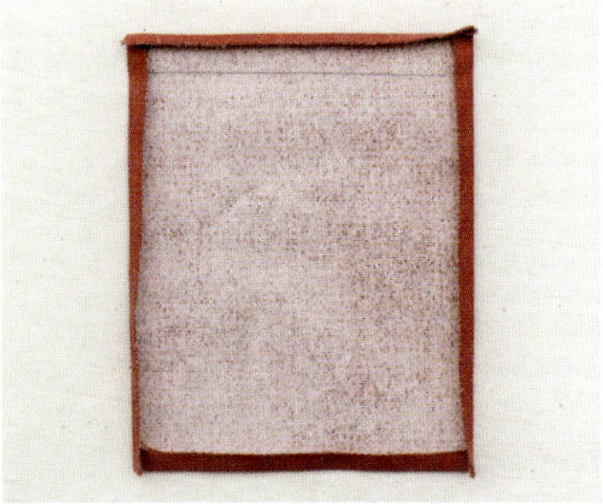

07 주머니를 만들겠습니다. 원단 B 네 변에 시접을 1cm 접어 줍니다.

08 위쪽만 1.5cm 더 접어 줍니다. 위, 아래에 각각 1mm~2mm 정도 간격을 두고 박음질합니다.

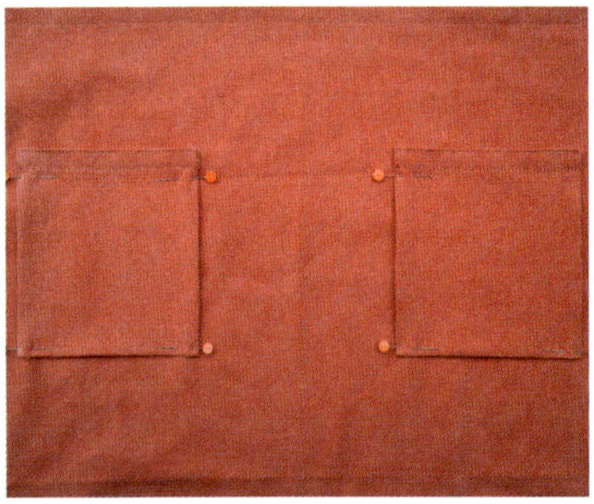

09 완성된 주머니를 앞치마에 놓고 시침핀으로 고정시킵니다.

HONGYU'S TIP 여기에서는 좌우 28cm, 주머니와 주머니 사이의 거리 16cm, 아래쪽에서 16cm 정도 떨어진 곳에 주머니 원단을 놓았습니다.

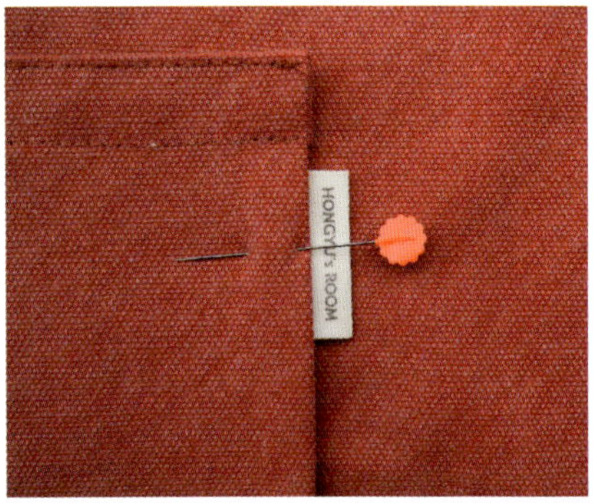

10 주머니 왼쪽에 라벨을 놓은 후 시침핀으로 고정시킵니다. 라벨이 없다면 생략해도 됩니다.

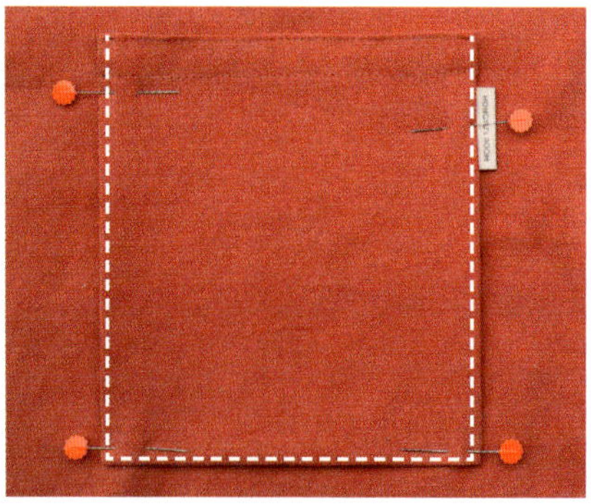

11 위쪽을 제외한 나머지 세 변을 모두 박음질합니다. 박음질은 왼쪽이나 오른쪽 위부터 시작합니다.

12 하프 에이프런이 완성되었습니다.

Kitchen Gloves / 주방 장갑

오뜨거운 팬이나 냄비, 그릇을 잡을 때
사용할 주방 장갑을 만들어 보세요.
주방 인테리어와 어울리는
원단을 고르는 것도 중요하지만
손이 데지 않도록 두툼하게 만들어야 한다는 사실도 잊지 마세요!

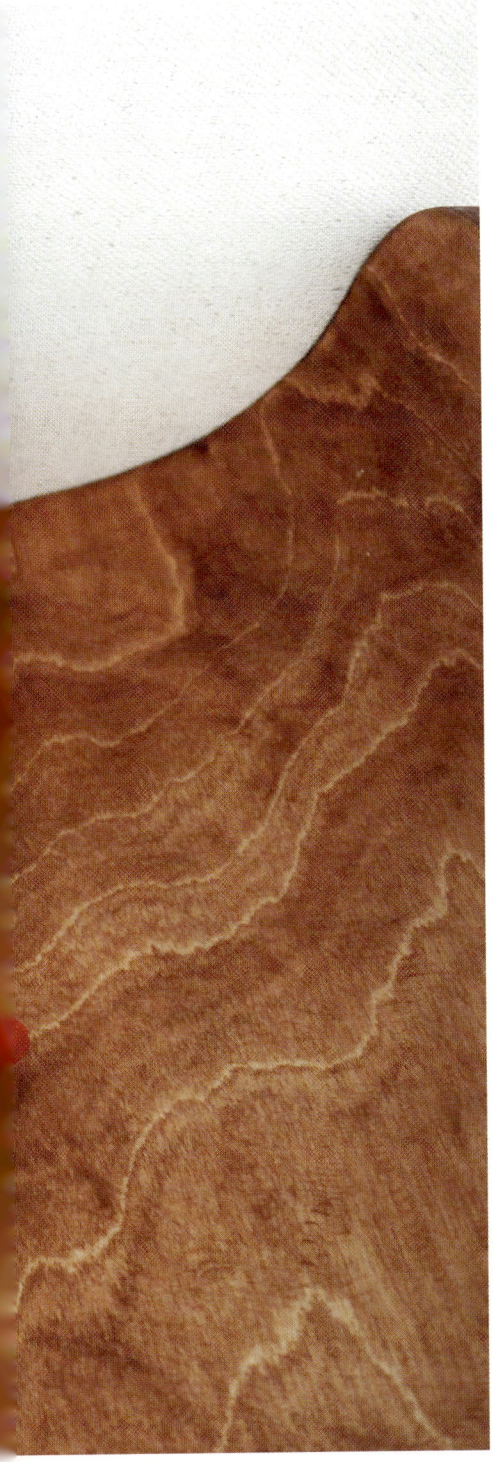

주방 장갑

주방 장갑에 사용하면 좋지 않은 원단

주방 장갑은 뜨거운 물건에 자주 닿는 소품이므로 열에 약한 라미네이트 원단이나 합성 원단은 피해 주세요. 원단에 코팅된 필름이 열에 닿으면 녹을 수 있습니다.

Ready to do

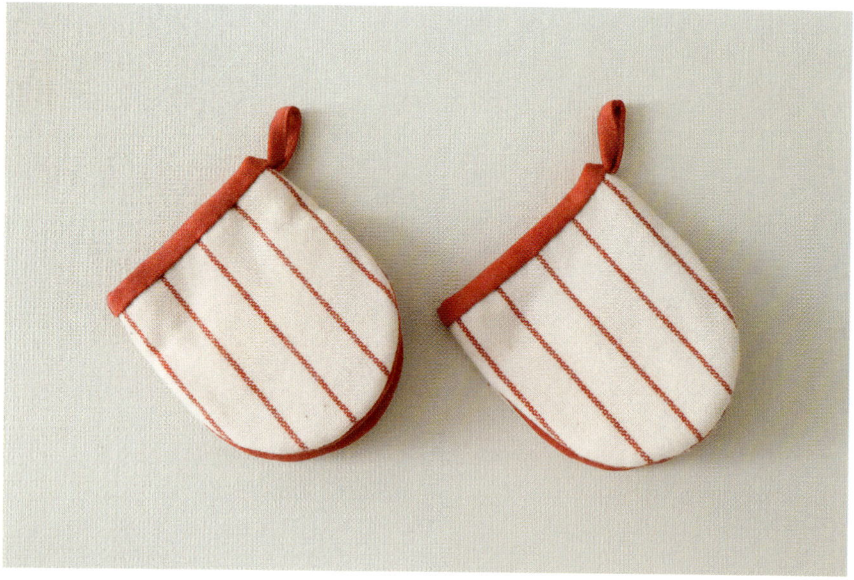

작품 사이즈

13cm×14cm

준비물

겉감 원단 A : 15cm×15cm 2장
안감 원단 B : 15cm×17cm 2장
안감 원단 C : 15cm×22cm 1장
겉감 원단 D : 15cm×22cm 1장
7온스 접착솜 E : 14cm×14.5cm 1장
7온스 접착솜 F : 14cm×21cm 1장
고리 끈 원단 G : 4cm×10cm

* 고리 끈 원단은 바이어스 또는 10cm 끈으로 대체 가능

재단 도안

실물 도안 첨부

* 접착솜 E, F의 시접은 0.5cm로 재단합니다.

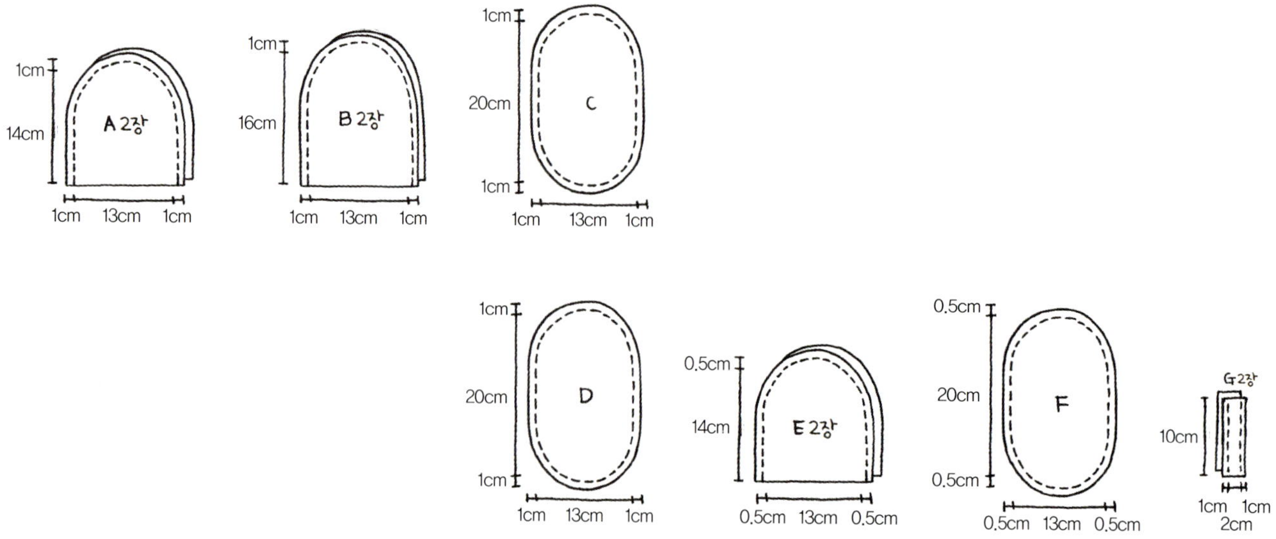

How to make

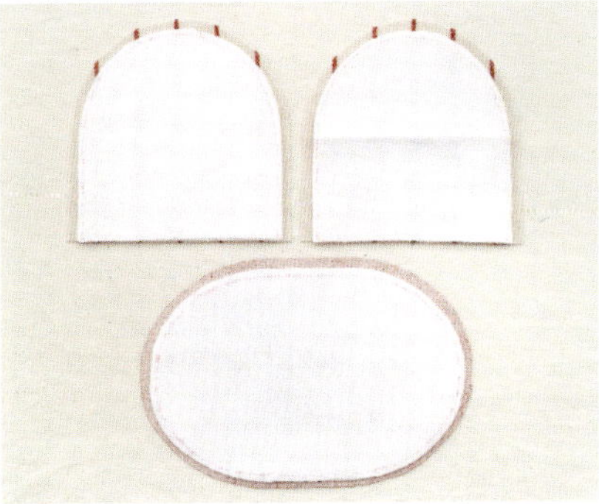

01 원단 A, C에 접착솜 E, F를 붙이겠습니다. 접착솜 알갱이가 있는 면에 분무기로 물을 뿌립니다. 접착솜을 원단 안면에 놓은 후 시침핀으로 고정시킵니다. 원단 겉면을 다림질하여 접착솜을 붙여 줍니다.

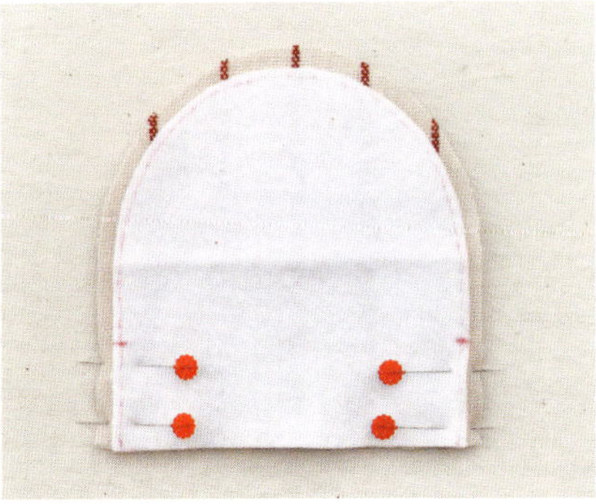

02 접착솜을 붙인 2장의 원단을 겉면이 마주 보도록 포개어 놓고 시침핀으로 고정시킵니다.

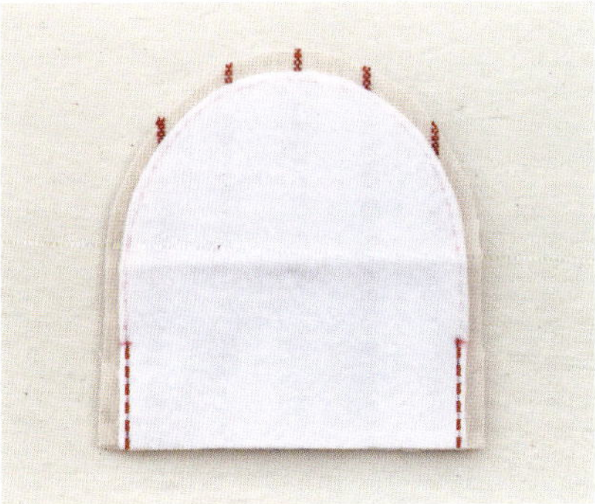

03 아래쪽을 각각 4cm씩 박음질합니다.

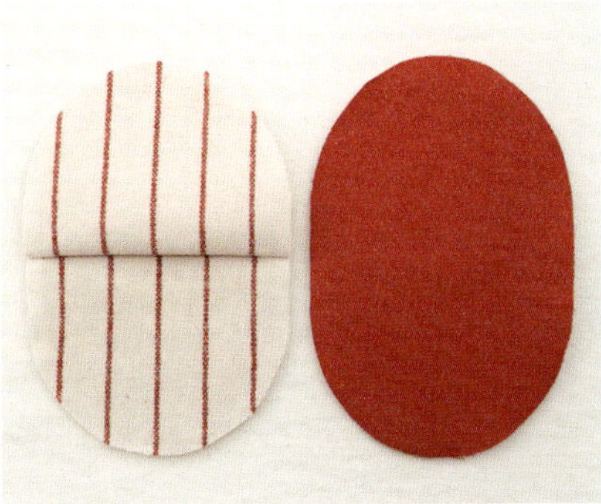

04 박음질한 2장의 원단을 펼쳐 놓습니다. 원단 C와 겉면이 마주 보도록 포개어 놓습니다.

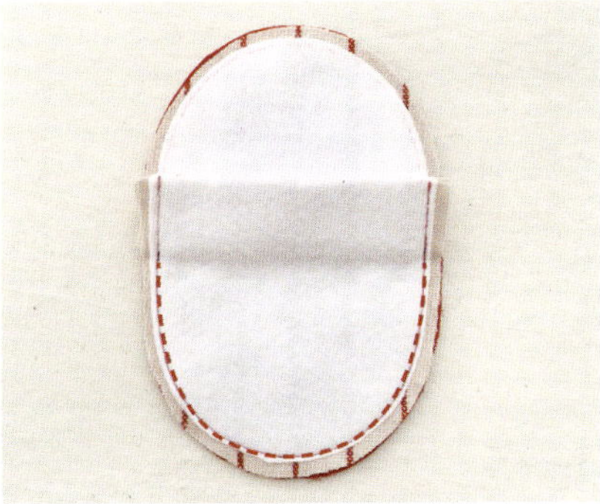

05 원단을 시침핀으로 고정시킵니다. 03번 과정의 박음질한 부분에 이어서 곡선 부분을 박음질합니다.

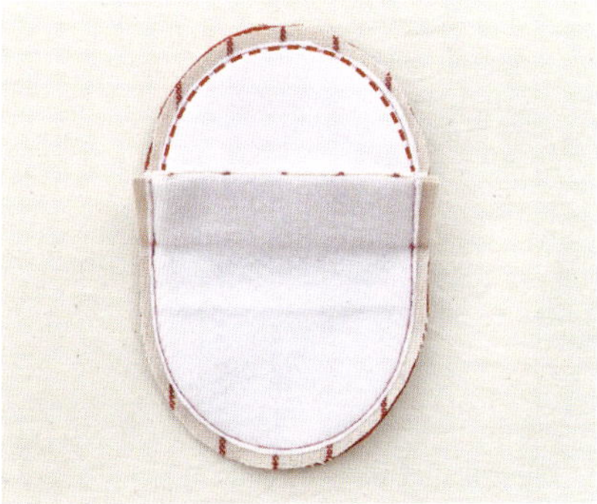

06 반대편도 동일하게 박음질합니다.

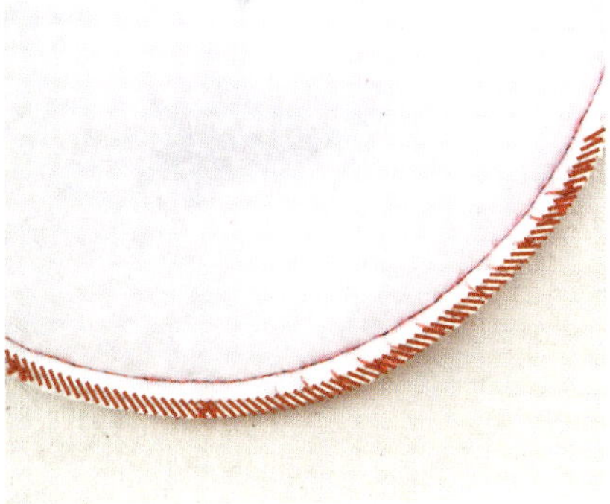

07 올이 풀리지 않도록 휘갑치기합니다.

HONGYU'S TIP 재봉틀이 있다면 오버로크나 지그재그박기를 하여 올이 풀리지 않도록 합니다.

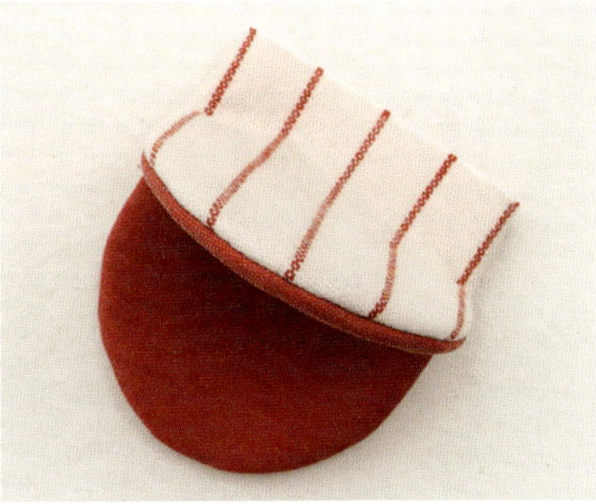

08 천을 뒤집어 주면 주방 장갑의 겉감이 완성됩니다.

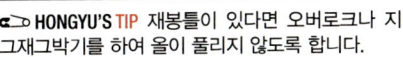

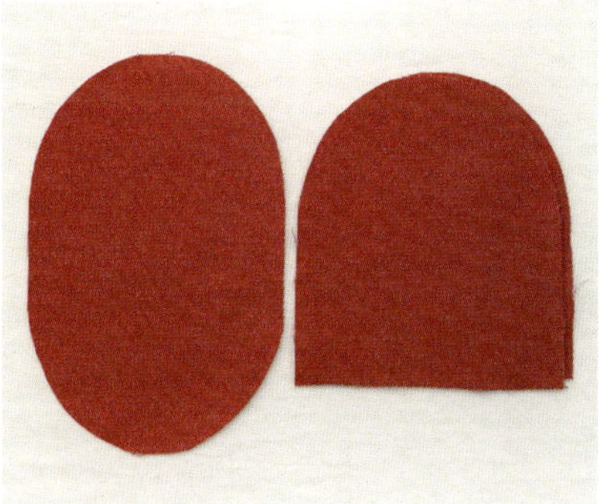

09 원단 B 2장과 원단 D 1장을 준비합니다.

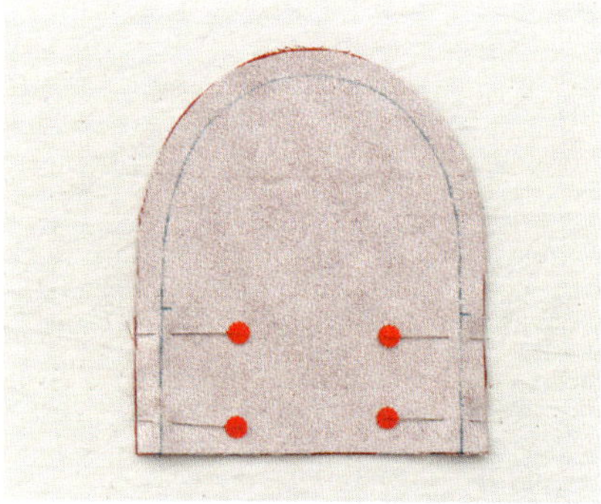

10 원단 B 2장을 겉면이 마주 보도록 포개어 놓고 시침핀으로 고정시킵니다.

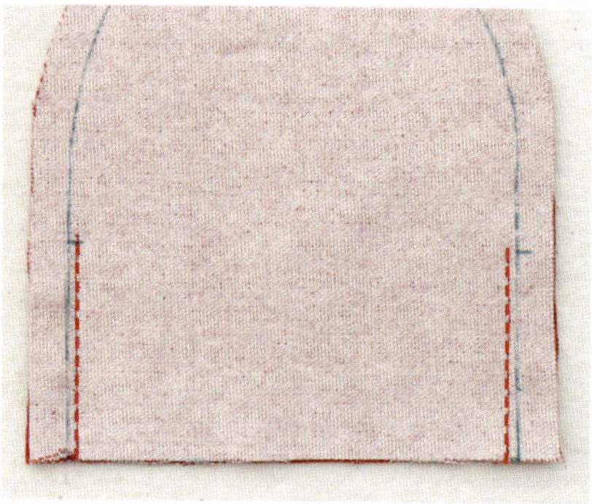

11 사진과 같이 아래쪽을 각각 6cm 박음질합니다. 이때 시접선 2mm~3mm 안쪽으로 박음질해야 합니다.

HONGYU'S TIP 안감은 겉감보다 조금 작게 만들어야 겉감에 넣었을 때 예쁜 모양이 나올 수 있습니다.

12 겉감 만드는 과정과 마찬가지로 나머지 부분을 박음질한 후 올이 풀리지 않도록 휘갑치기합니다.

13 주방 장갑 고리를 달고 안감을 겉감 안에 넣어 줍니다.

HONGYU'S TIP 안감을 손에 끼워 겉감 안으로 밀어 넣으면 쉽게 넣을 수 있습니다.
주방 장갑 고리 만들기는 81쪽에 있습니다.

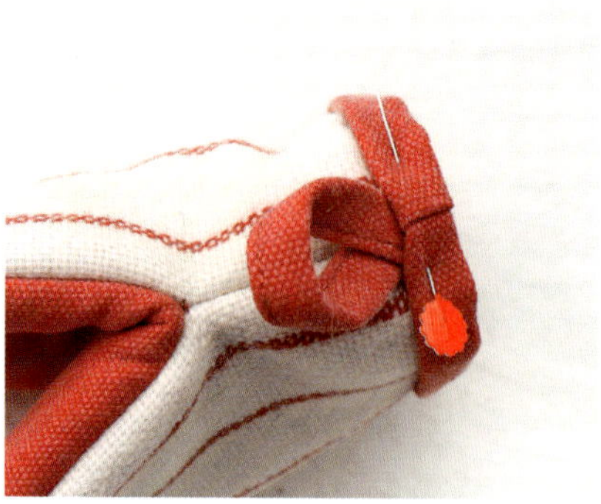

14 겉감 위로 올라온 안감은 시접을 접어 겉감 상단 가장자리에 붙인 후 시침핀으로 고정시킵니다.

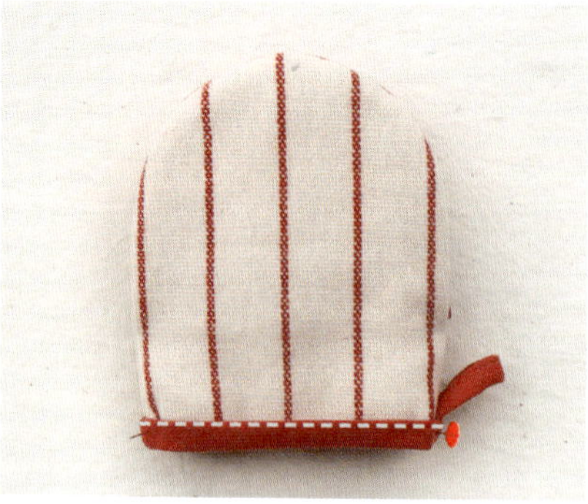

15 고정시킨 안감은 공그르기나 박음질하여 마무리합니다.

16 주방 장갑이 완성되었습니다.

주방 장갑 고리 만들기

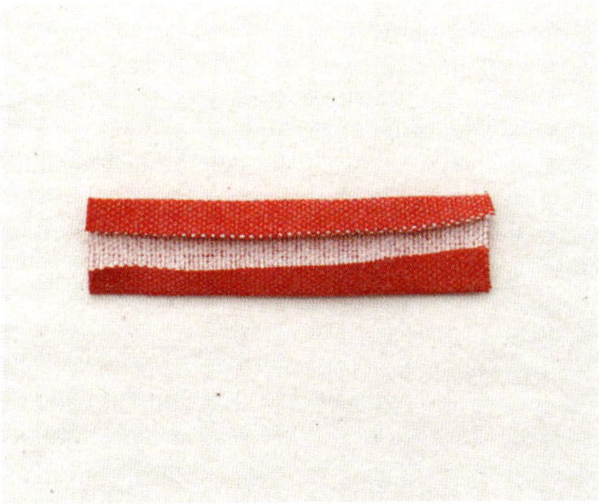

01 고리 끈 원단 G를 준비합니다. 위쪽, 아래쪽에 각각 시접을 1cm 접어 줍니다.

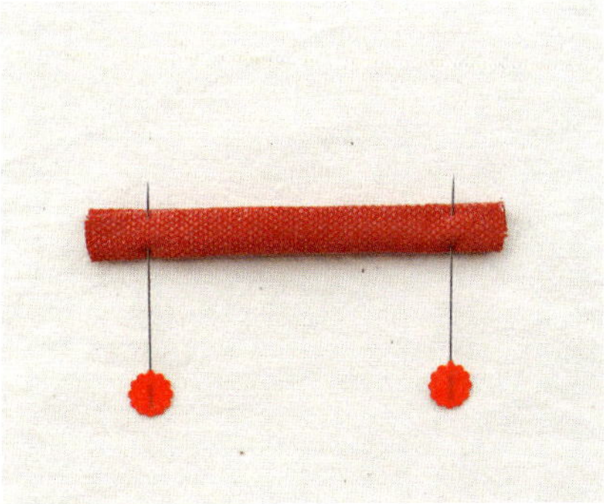

02 시접을 넣은 원단을 다시 반으로 접은 후 시침핀으로 고정시킵니다.

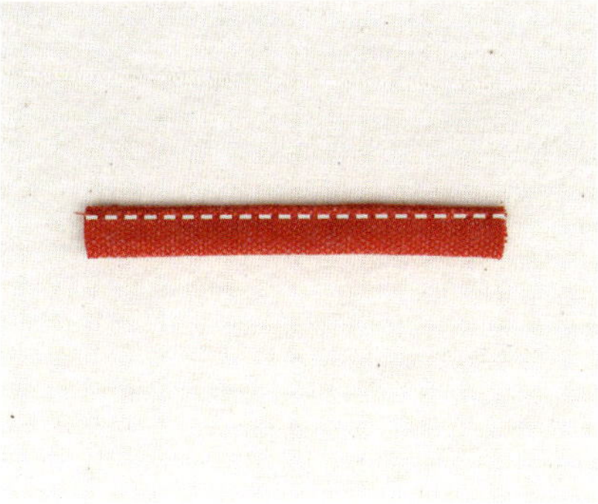

03 위쪽에서 1mm~2mm 정도 간격을 두고 박음질합니다.

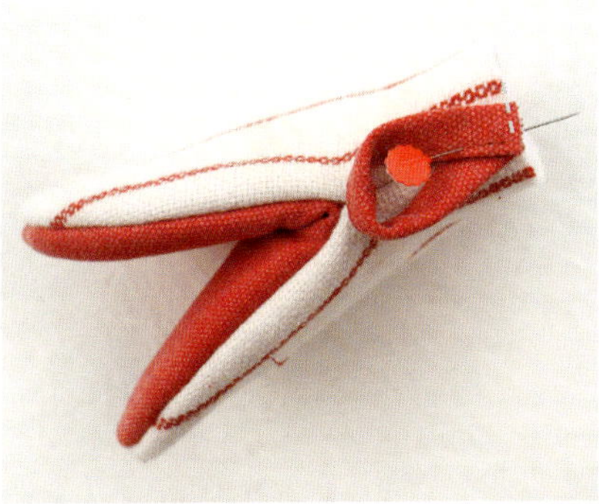

04 완성된 고리 끈을 둥글게 말아 끝을 모아 줍니다. 주방 장갑 겉감 옆면에 사진과 같이 시침핀으로 고정시키고 박음질합니다.

Tea Coaster / 티코스터

다양한 패턴과 색이 들어간 원단으로 티코스터를 만들어 보세요.
테이블에서 즐기는 브런치, 티타임과 같은 식사가 한층 더 즐거워질 거예요.
여러 가지 티코스터를 만들어 기분에 따라 골라 쓰는 것도 좋습니다.

티코스터 만들기가 능숙해지면 사이즈가 조금 더 큰 테이블 매트도 만들어 보세요.
만드는 과정은 티코스터와 같습니다.

×

티코스터

티코스터에 사용하면 좋은 원단

티코스터는 물세탁이 용이한 리넨, 코튼 원단이나 방수가 되는 라미네이트 원단으로 만들면 좋습니다.

Ready to do

작품 사이즈

10cm×10cm

준비물

겉감 원단 A : 12cm×12cm 1장
겉감 원단 B : 12cm×12cm 1장
끼움 라벨 1개 * 끼움 라벨이 없을 경우 생략 가능

재단 도안

실물 도안 첨부

* 원단을 45cm x 35cm로 재단할 경우 테이블 매트를 만들 수 있고 더 큰 사이즈로 재단한다면 블랭킷을 만들 수 있습니다.

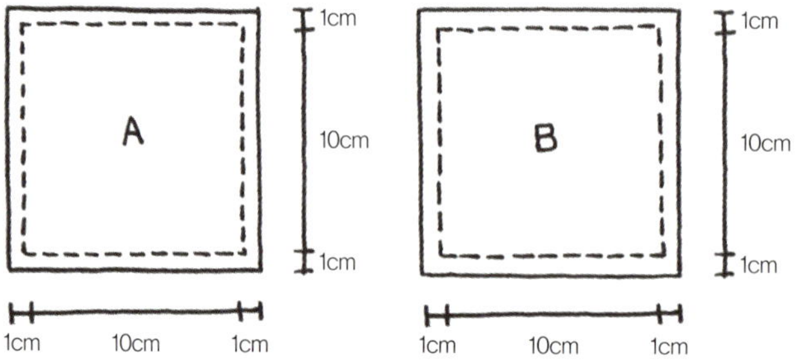

How to make

01 원단 B의 겉면이 위로 오도록 놓습니다. 반으로 접은 끼움 라벨을 테두리에 놓고 시침핀으로 고정시킵니다.

02 끼움 라벨 위에 원단 A를 올려놓습니다. 이때 안면이 위로 오도록 놓아야 합니다.

03 포갠 원단에 창구멍을 표시하고 시침핀으로 고정시킵니다.

04 창구멍을 제외한 나머지 네 변을 박음질합니다.

05 원단의 모서리 네 곳을 박음질 선에 닿지 않도록 주의하며 잘라 줍니다.

06 올이 풀리기 쉬운 가장자리를 휘갑치기합니다.

HONGYU'S TIP 재봉틀을 사용할 경우 오버로크나 지그재그박기를 합니다.

07 창구멍으로 원단을 뒤집은 뒤 시접을 정리하고 다림질합니다. 뚫린 창구멍을 공그르기로 마무리합니다.

08 가장자리에서 1mm~2mm 간격을 두고 상침으로 마무리합니다.

09 티코스터가 완성되었습니다. 첨부된 도안을 이용해 다양한 모양의 티코스터를 만들어 보세요.

Sewing 3

Living / 거실

Pleasure of ordinary days.

Blanket / 블랭킷

일교차가 큰 환절기에 쌀쌀함을 덮어 줄
블랭킷을 만들어 보세요.
때로는 무릎 담요로 때로는 낮잠 이불로
집이나 차, 야외 등 어디에서나 사용할 수 있어 참 유용해요.

여기에서는 파이핑을 사용한 블랭킷과
파이핑을 사용하지 않은 블랭킷을 만들어 보겠습니다.

×

파이핑을 사용한 블랭킷

블랭킷에 사용하면 좋은 원단

계절에 따라 원단을 달리해 주세요. 봄 · 가을에는 리넨, 코튼을 사용하고 여름에는 거즈, 겨울에는 울, 니트, 기모, 폴라폴리스, 극세사, 털 등 따뜻한 소재의 원단을 사용하면 좋습니다.

Ready to do

작품 사이즈

88cm×156cm

준비물

겉감 원단 A : 90cm×158cm 1장

겉감 원단 B : 90cm×158cm 1장

파이핑 : 540cm(6마) 1줄

* 파이핑 1마는 90cm입니다.

재단 도안

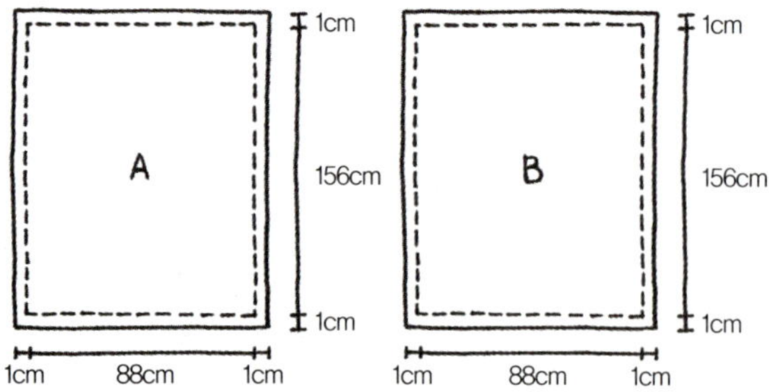

파이핑 이어주기

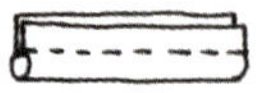

01 시작 부분 파이핑과 끝 부분 파이핑을 2cm~3cm 겹쳐 잘라 줍니다.

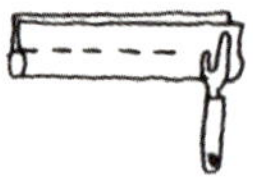

02 파이핑 끝부분의 실밥을 실뜯개로 뜯어 줍니다.

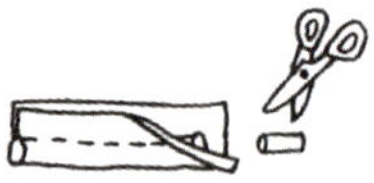

03 파이핑 심을 시작 부분 끝에 맞춰 잘라 줍니다.

04 파이핑 원단을 1cm 접어 줍니다.

05 파이핑 안으로 시작 부분의 파이핑 심을 겹쳐 줍니다.

06 박음질하여 파이핑을 이어 줍니다.

How to make

01 원단 A를 펼쳐 준비합니다.

02 파이핑을 원단 A의 가장자리에 두르고 시침핀으로 고정시킵니다. 곡선 부분을 두를 때 파이핑에 가위집을 넣어 주면 모양 잡기가 편합니다.

HONGYU'S TIP 쿠션 커버, 소파 커버, 블랭킷, 파우치 등 가장자리에 둘러져 있는 끈을 파이핑이라고 합니다. 파이핑은 보통 둥근 형태의 소품을 만들 때 사용하며 모양을 잡아 주는 역할을 합니다.

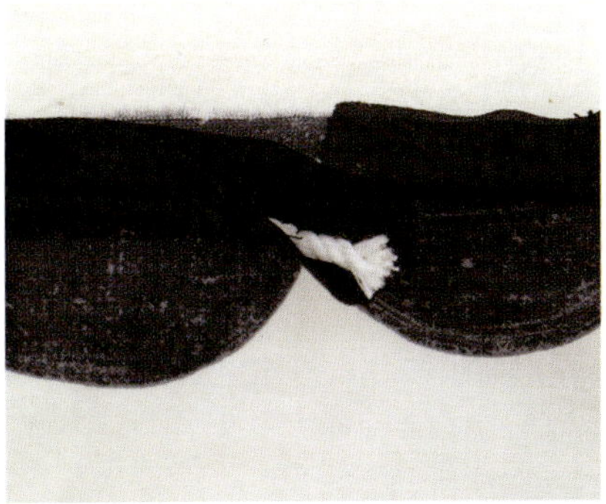

03 파이핑을 2cm~3cm 겹쳐 놓고 자릅니다. 파이핑 끝부분의 실밥을 실뜯개로 뜯어 줍니다.

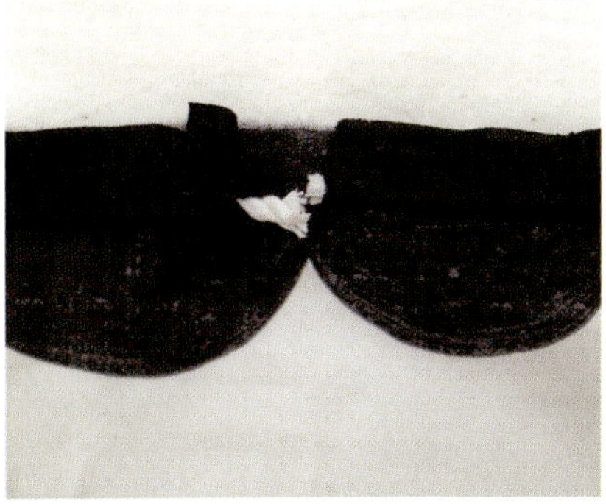

04 끝부분의 파이핑 심을 시작 부분의 파이핑 심에 맞춰 잘라 줍니다.

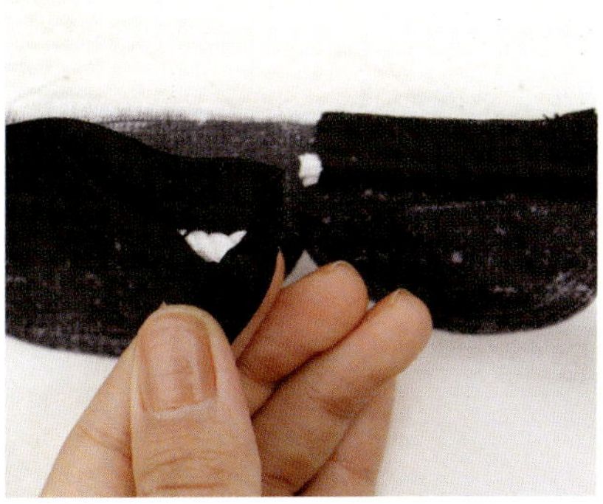

05 끝부분 파이핑 원단을 1cm 정도 접어 줍니다.

06 끝부분 파이핑 안에 시작 부분 파이핑 심을 넣어 주고 시침핀으로 고정시킵니다.

HONGYU'S TIP 파이핑 이어주기 일러스트 도안은 90쪽에 있습니다.

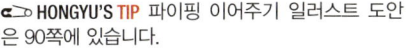

07 원단에 파이핑을 고정시킨 후 박음질합니다.

08 원단 A, B 겉면이 마주 보도록 포개어 놓습니다.

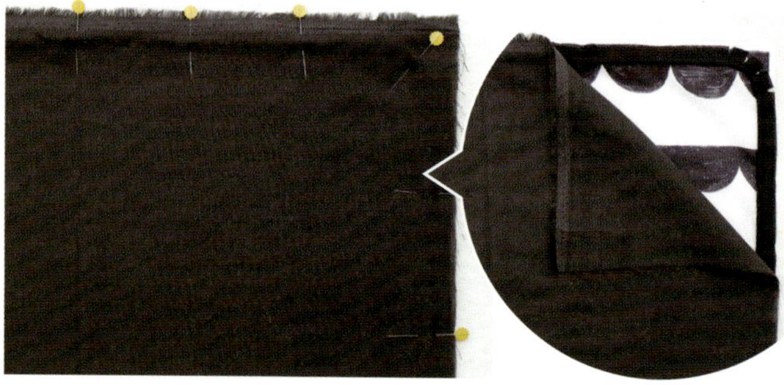

09 시침핀으로 고정시킵니다.

10 창구멍만 남기고 네 변을 박음질합니다.

11 창구멍으로 원단을 뒤집어 줍니다.

12 창구멍을 공그르기로 마무리합니다.

13 창구멍을 공그르기한 모습입니다.

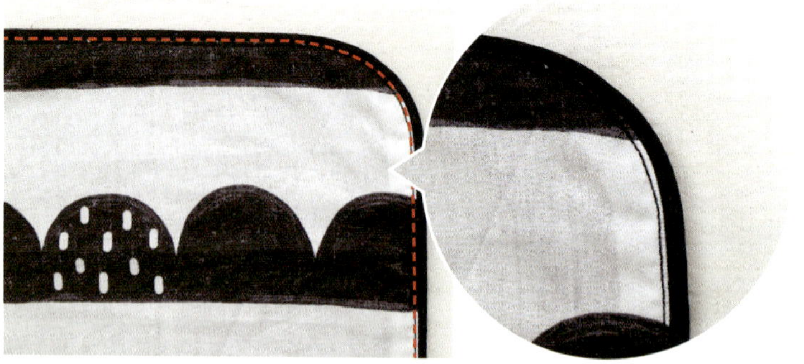

14 튼튼하게 사용하기 위해 원단의 가장자리에서 1mm~2mm 간격을 두고 상침으로 마무리합니다.

HONGYU'S TIP 공그르기로만 마무리하여 사용해도 좋습니다.

15 파이핑이 들어간 블랭킷이 완성되었습니다.

XX

파이핑을 사용하지 않은 블랭킷

블랭킷에 사용하면 좋은 원단

계절에 따라 원단을 달리해 주세요. 봄 · 가을에는 리넨, 코튼을 사용하고 여름에는 거즈, 겨울에는 울, 니트, 기모, 폴라폴리스, 극세사, 털 등 따뜻한 소재의 원단을 사용하면 좋습니다.

Ready to do

작품 사이즈

88cm×156cm

준비물

겉감 원단 A : 90cm×158cm 1장

겉감 원단 B : 90cm×158cm 1장

재단 도안

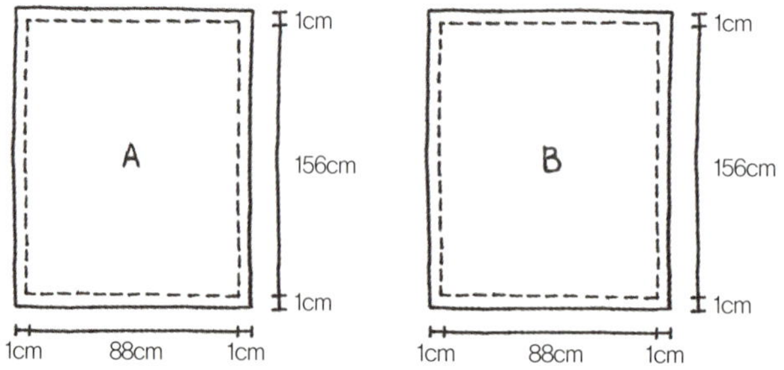

How to make

01 원단 A, B를 준비합니다.

HONGYU'S TIP 원하는 사이즈의 블랭킷을 만들고 싶다면 작품 사이즈에서 시접선 1cm를 더하여 재단하면 됩니다.

02 원단 A, B를 겉면이 마주 보도록 포갠 후 시침핀으로 고정시킵니다.

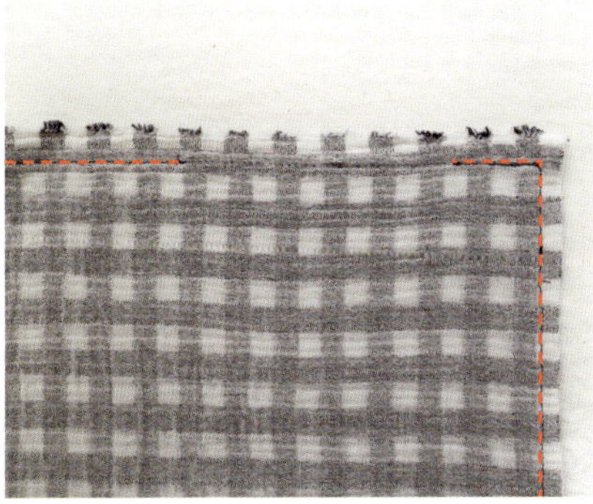

03 창구멍을 제외한 나머지 부분을 박음질합니다.

HONGYU'S TIP 여기에서는 창구멍의 사이즈를 약 15cm로 하였으나 블랭킷의 크기, 원단 두께에 따라 창구멍의 사이즈를 다르게 할 수 있습니다.

04 창구멍으로 박음질한 원단을 뒤집어 줍니다.

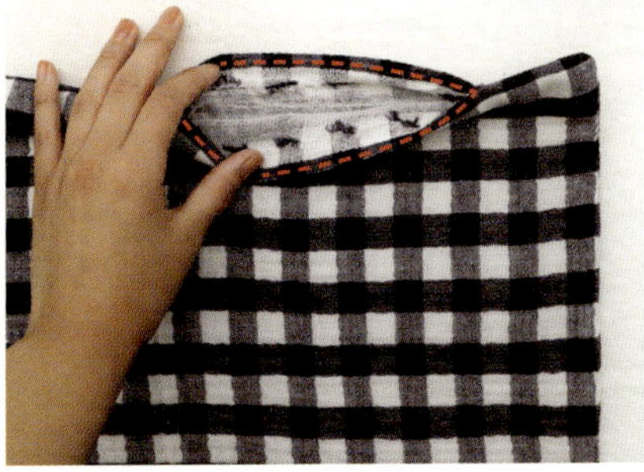

05 창구멍을 공그르기하여 마무리합니다.

06 창구멍을 공그르기한 모습입니다.

07 원단의 가장자리에서 1mm~2mm 간격을 두고 상침하여 마무리합니다.

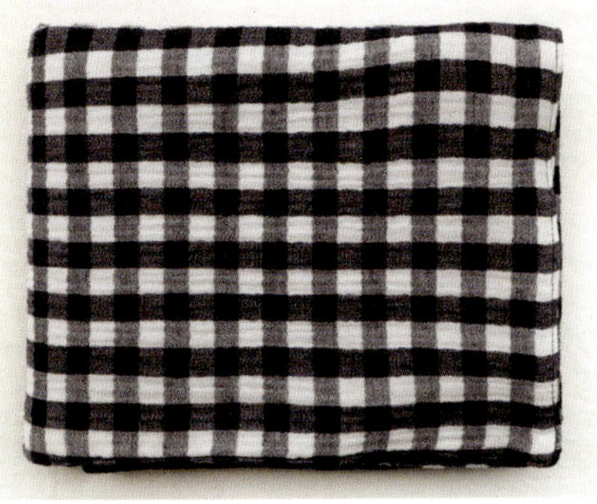

08 블랭킷이 완성되었습니다.

Curtain / 커튼

따스한 햇살이 커튼 사이로 부드럽게 스며들어
방 안 가득 비추는 아침을 머릿속에 떠올려 보세요.
상상만으로도 기분 좋아지는 이 장면을
직접 실현해 보는 건 어떨까요?
오래 보아도 질리지 않는 내추럴한 원단으로
포근한 아침을 맞이할 수 있는 커튼을 만들어 보겠습니다.

×

커튼

커튼에 사용하면 좋은 원단

커튼을 만들 때는 리넨, 코튼, 자카드, 암막지, 폴리에스테르 등을 주로 사용합니다. 속 커튼으로는 레이스를 주로 사용합니다.

Ready to do

작품 사이즈

148cm×157cm

준비물

겉감 원단 : 152cm×173cm

커튼 추 2개

재단 도안

* 창 크기에 맞춰 커튼 크기 계산하는 방법은 101쪽에 있습니다.

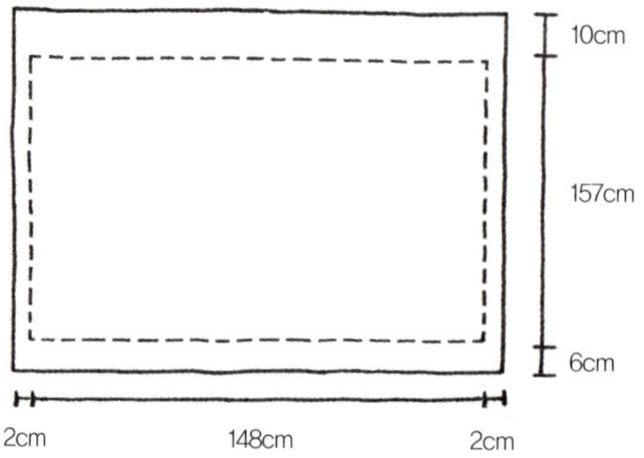

How to make

01 위쪽에 시접을 1cm 접고, 1cm 더 말아 접은 후 시침핀으로 고정시킵니다. 아래쪽에서 1mm~2mm 간격을 두고 박음질합니다.

02 원단의 좌우도 동일하게 접은 후 각각 1mm~2mm 간격을 두고 박음질합니다.

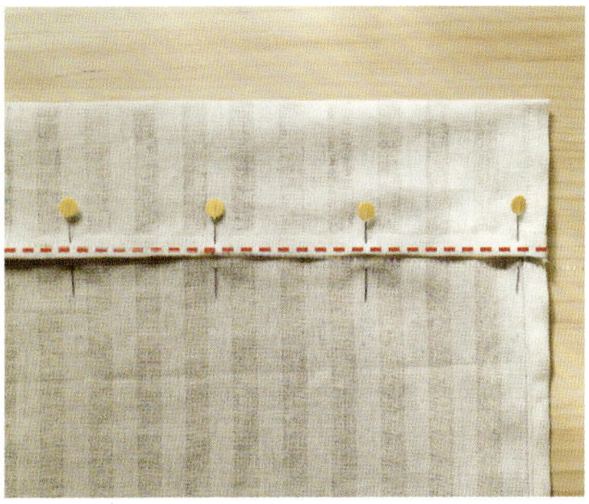

03 위쪽을 8cm 더 접어 시침핀으로 고정시킵니다. 아래쪽에서 1mm~2mm 간격을 두고 박음질합니다.

HONGYU'S TIP 이것은 커튼 봉이 통과할 부분을 만들어 주는 과정입니다.

04 원단의 아래쪽을 1cm 접고, 5cm 더 말아 접어 줍니다.

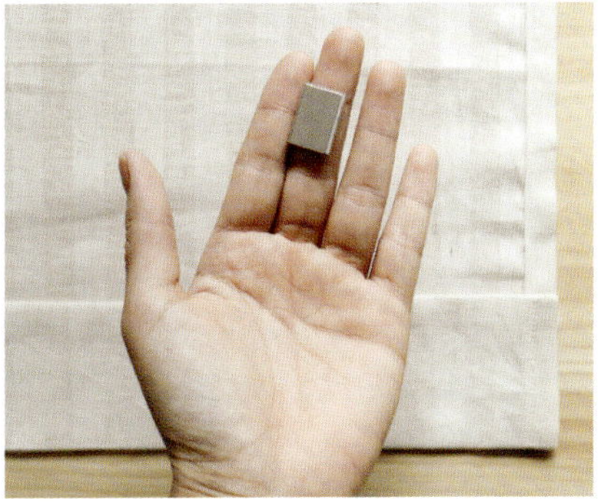

05 커튼 아래쪽에 놓을 커튼 추를 준비합니다. 커튼 추란 커튼 제작 시 커튼이 떨어지는 느낌을 줄 수 있도록 맨 아랫부분에 넣어 주는 것입니다.

HONGYU'S TIP 가벼운 바람에 살랑살랑 흔들리는 커튼을 원한다면 커튼 추는 생략합니다.

06 아래쪽 끝에 각각 커튼 추를 놓습니다. 추 의 가로 길이 보다 넉넉하게 시접선을 그려준 뒤 박음질합니다. 반대편도 동일하게 박음질합니다.

HONGYU'S TIP 커튼 추가 이리저리 움직이는 것을 방지하기 위해 박음질을 꼭 해야 합니다.

07 커튼 추를 시접 안쪽에 놓고 ㄇ 모양으로 시접선을 따라 박음질합니다.

08 위쪽에 커튼 봉을 넣어 주면 커튼이 완성됩니다.

커튼 크기 계산하기

전체 창

- **기본 원단 사이즈(가로×세로)**

  창 너비+4cm×천장에서 창문 끝의 길이+16cm
- **주름 원단 사이즈(가로×세로)**

  창 너비×1.5+4cm×천장에서 창문 끝의 길이+16cm

넓은 반창

- **기본 원단 사이즈(가로×세로)**

  창 너비+4cm×천장에서 창문 끝의 길이+10cm~15cm+16cm
- **주름 원단 사이즈(가로×세로)**

  창 너비×1.5+4cm×천장에서 창문 끝의 길이+10cm~15cm+16cm

좁은 반창

- **기본 원단 사이즈(가로×세로)**

  창 너비+10cm~20cm+4cm×천장에서 창문 끝의 길이+10cm~15cm+16cm
- **주름 원단 사이즈(가로×세로)**

  창 너비×1.5+4cm×천장에서 창문 끝의 길이+10cm~15cm+16cm

Cushion / 쿠션

새로운 계절, 변화를 주고 싶은 거실.
어디부터 바꿔야 할지 엄두가 나지 않는다면
다양한 컬러와 패턴을 가진 원단으로 쿠션 커버를 만들어 보세요.
작은 패브릭 소품만으로도 색다른 분위기의 거실을 만날 수 있어요.

여기에서는 지퍼 있는 쿠션과 지퍼 없는 쿠션을 만들어 보겠습니다.

×

지퍼 있는 쿠션

쿠션 커버로 사용하면 좋은 원단

계절과 분위기에 따라 다양한 원단을 사용할 수 있습니다.

Ready to do

작품 사이즈

45cm×45cm 또는 47cm×47cm

준비물

상침을 한 번할 경우

원단 A : 47cm×48.5cm 1장

원단 B : 47cm×49cm 1장

쿠션 솜 : 45cm×45cm 1개

지퍼 : 47cm 1개

상침을 두 번할 경우

원단 A : 49cm×50.5cm 1장

원단 B : 49cm×51cm 1장

쿠션 솜 : 45cm×45cm 1개

지퍼 : 49cm 1개

재단 도안

상침 한 번

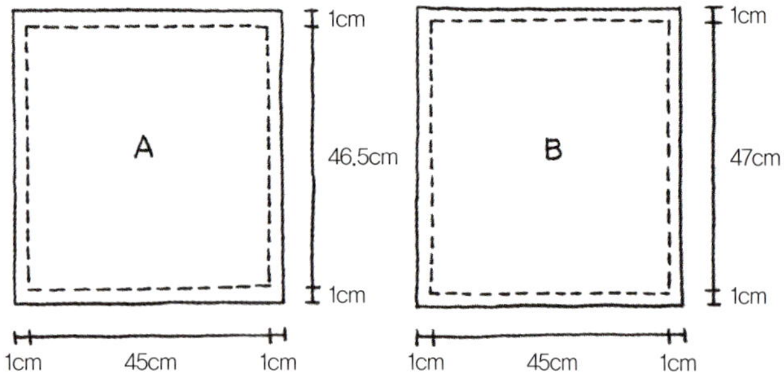

상침 두 번

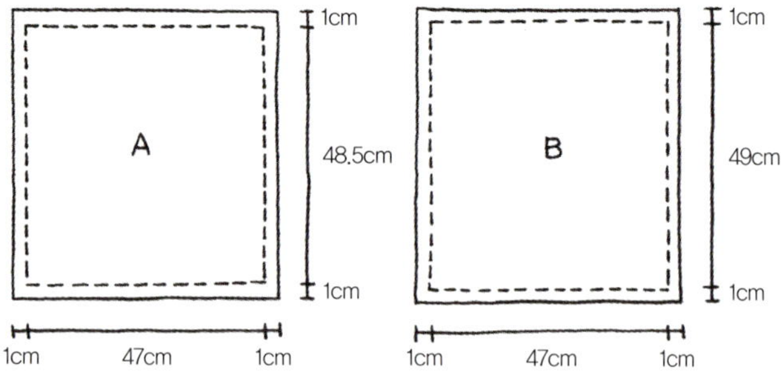

지퍼 가리기

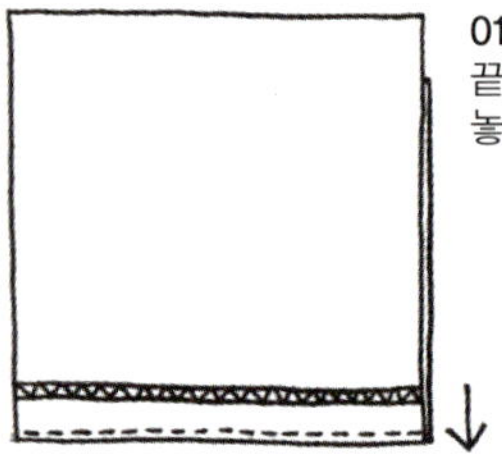

01 아래쪽 박음질을 끝낸 원단 B를 펼쳐 놓습니다.

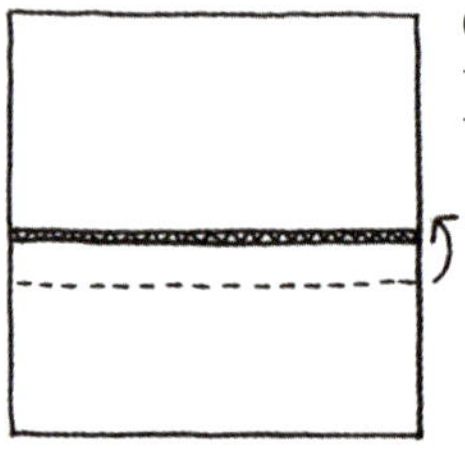

02 박음질한 부분을 지퍼 위로 덮어 줍니다.

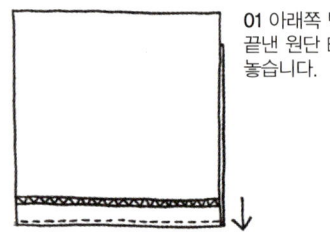

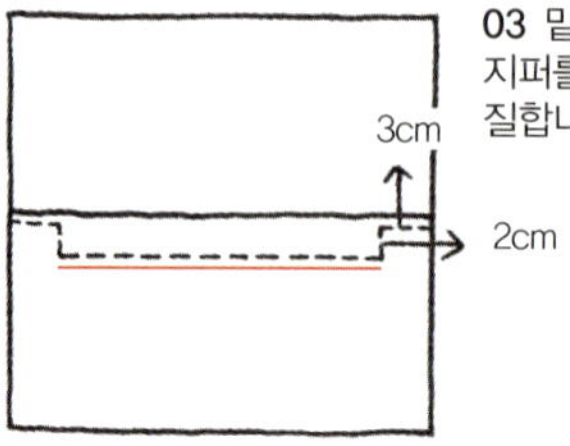

03 밑줄 친 부분의 지퍼를 피해서 박음질합니다.

How to make

01 상침을 두 번할 경우의 원단 A를 준비합니다. 시접을 1cm 접어 줍니다.

HONGYU'S TIP 상침을 한 번할 경우도 해당되는 과정이므로 참고하기 바랍니다.

02 시접을 넣은 원단 A를 지퍼 위에 올려놓습니다. 이때 지퍼가 열리는 곳과 원단을 1mm~2mm 정도 간격을 둡니다.

HONGYU'S TIP 지퍼와 원단 사이에 공간이 없을 경우 지퍼알이 움직이지 않거나 뻑뻑하게 여닫힐 수 있습니다.

03 지퍼와 원단 A를 시침핀으로 고정시킨 후 박음질합니다.

04 박음질이 끝났으면 원단 A 위에 원단 B를 겉면이 마주 보도록 포개어 놓고 시침핀으로 고정시킵니다.

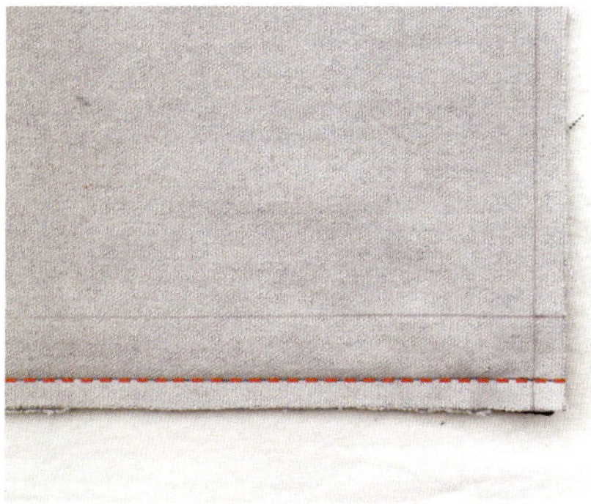

05 원단 B를 시접선에 맞춰 박음질합니다.

06 박음질한 원단 B를 펼쳐 놓습니다. 원단을 2cm 정도 남기고 뒤로 접은 후 시침핀으로 고정시킵니다.

07 아래쪽에서 1mm~2mm 정도 간격을 두고 박음질합니다.

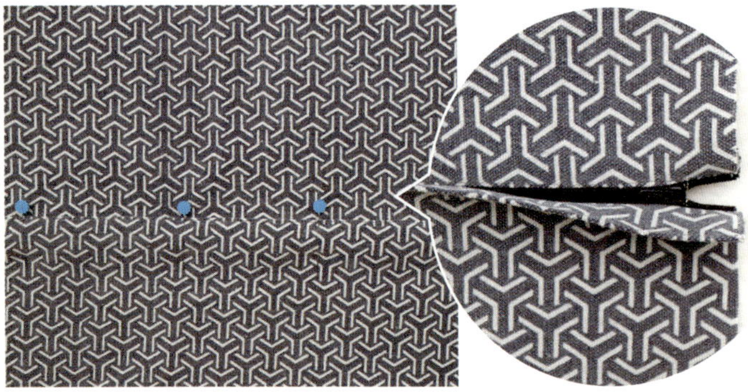

08 원단 B를 펼쳐 놓습니다. 박음질한 부분으로 지퍼를 덮어 가립니다.

09 일러스트로 그린 지퍼 가리기 도안을 참고하여 박음질합니다.

HONGYU'S TIP 지퍼 가리기 일러스트 도안은 104쪽에 있습니다.

10 원단 B를 원단 A 앞으로 넘겨 겉면이 마주 보도록 포개어 줍니다.

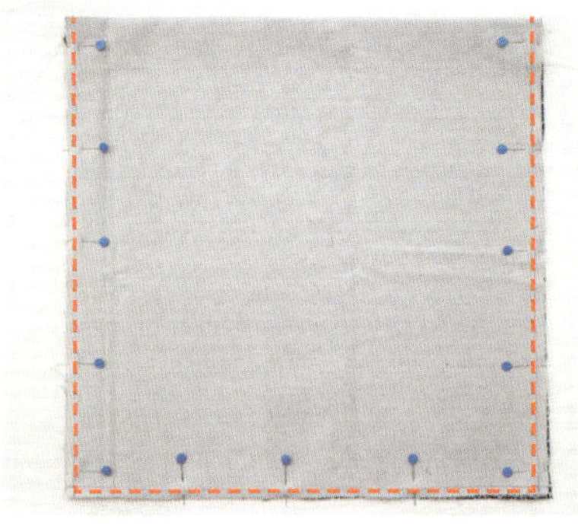

10 원단 A와 원단 B를 시침핀으로 고정시킵니다. 위쪽을 제외한 세 변을 박음질합니다.

HONGYU'S TIP 이때 지퍼는 잠그지 않고 반쯤 열어 두어야 원단을 뒤집을 수 있습니다.

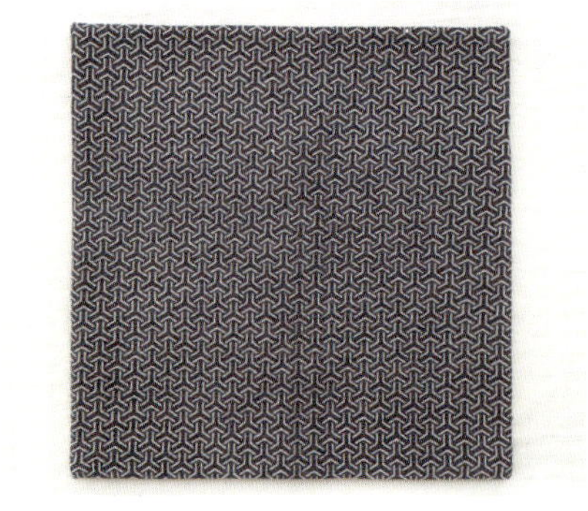

11 원단을 뒤집어 주면 쿠션 덮개가 완성됩니다.

쿠션 완성도 높이기

01 모든 과정이 끝난 후 가장자리에서 1mm~2mm 정도 간격을 두고 상침으로 마무리합니다.

02 상침으로 마무리한 쿠션에 솜을 넣으면 튼튼한 쿠션 커버가 완성됩니다.

03 가장자리에서 1cm 정도 간격을 둔 곳에 한 번 더 상침으로 마무리합니다.

04 쿠션에 솜을 넣으면 무인양품 스타일의 쿠션 커버가 완성됩니다.

05 상침을 한 번한 쿠션과 상침을 두 번한 쿠션의 비교 모습입니다. 원하는 것을 선택하여 쿠션 커버를 만들어 보세요.

XX

지퍼 없는 쿠션

쿠션 커버로 사용하면 좋은 원단

계절과 분위기에 따라 다양한 원단을 사용할 수 있습니다.

Ready to do

작품 사이즈

45cm×45cm

준비물

앞면 원단 A : 47cm×47cm 1장
뒷면 원단 B : 47cm×36.5cm 1장
뒷면 원단 C : 47cm×25.5cm 1장
쿠션 솜 : 45cm×45cm 1개

재단 도안

* 구입한 쿠션 솜의 가로, 세로 길이에 시접 1cm를 더하여 재단합니다.

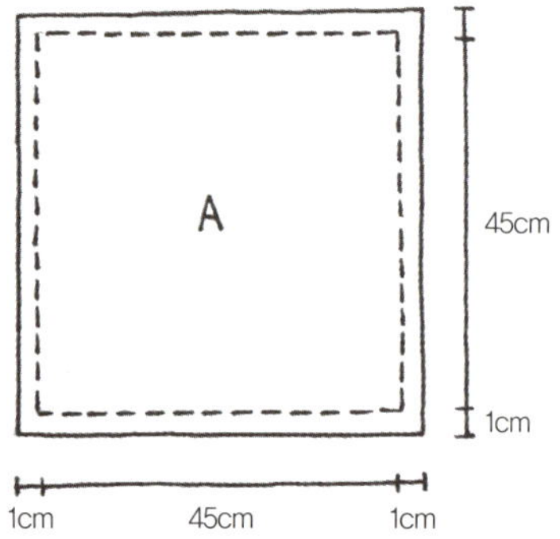

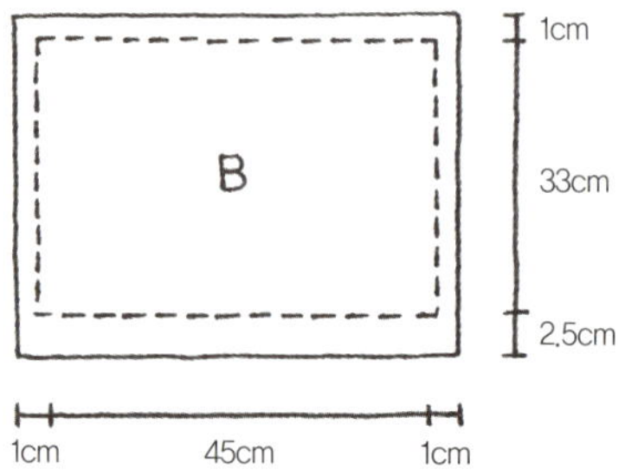

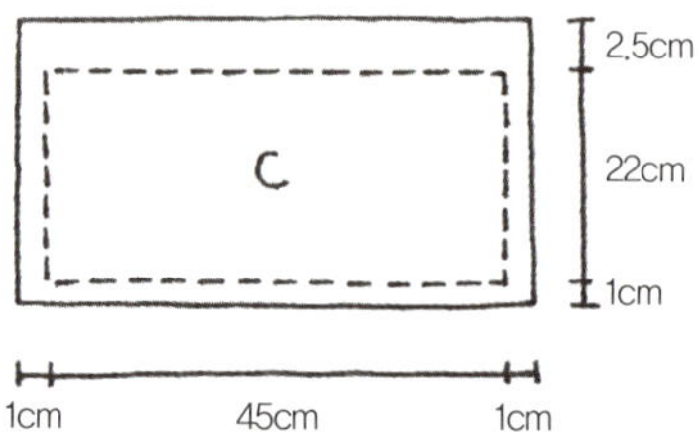

How to make

01 원단 B를 준비합니다.

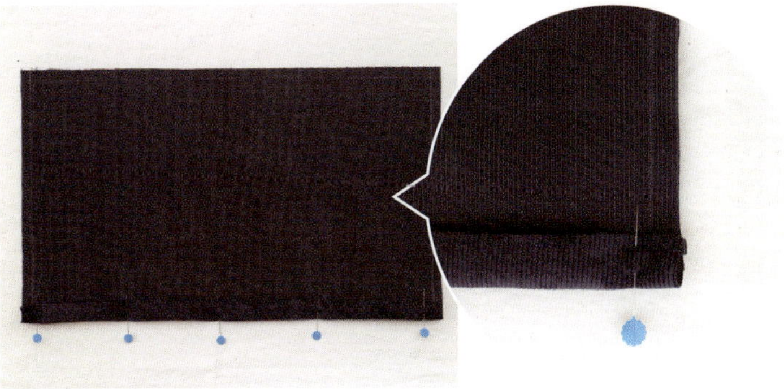

02 원단 B 아래쪽에 시접을 1cm 접고, 1.5cm 더 말아 접은 후 시침핀으로 고정시킵니다.

03 고정시킨 아래쪽을 박음질합니다.

04 같은 방법으로 원단 C의 시접을 1cm 접고, 1.5cm 더 말아 접은 후 시침핀으로 고정시키고 박음질합니다.

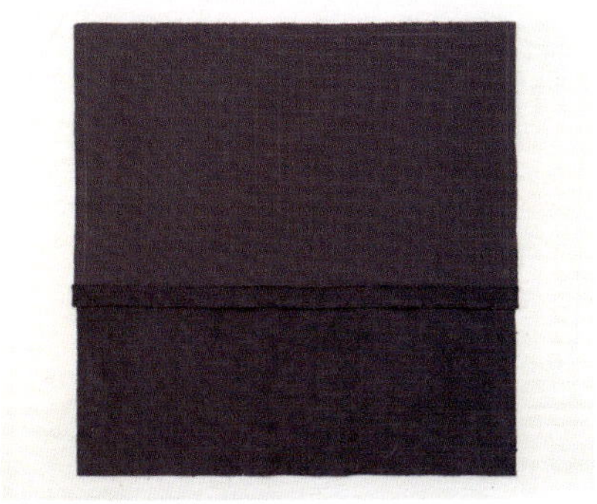

05 원단 A 위에 원단 B의 안면이 위를 보도록 올려놓습니다.

06 마찬가지로 원단 C의 안면이 위를 보도록 올려놓습니다.

HONGYU'S TIP 이때 시접을 접은 곳이 B는 아래, C는 위를 보도록 놓아 주세요.

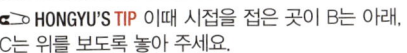

07 원단을 포갠 모습입니다.

08 포갠 원단을 시침핀으로 고정시킵니다.

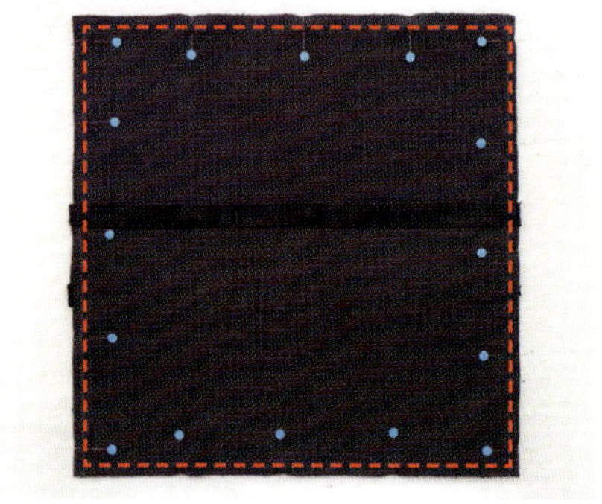

09 네 변을 박음질합니다.

10 원단을 뒤집어 주면 지퍼 없이 만드는 쿠션 커버가 완성됩니다.

11 포인트를 주고 싶다면 모서리 네 곳에 방울을 달아 줍니다.

12 쿠션 솜을 채워 주면 귀여운 방울이 달린 쿠션 커버가 완성됩니다.

HONGYU'S TIP 쿠션 솜 대신 방석 솜을 채워 주면 방석으로도 사용할 수 있습니다.

털실로 방울 만들기

01 원하는 색의 털실을 도톰한 종이에 돌돌 감아 줍니다. 사용한 종이의 세로 길이는 8cm입니다.

HONGYU'S TIP 원단을 판매하는 곳에서 방울을 구입할 수 있습니다. 하지만 계절에 따라서 판매를 종료하거나 그 종류가 다양하지 않을 수 있으니 마음에 드는 털실을 구입한 후 직접 만들어 사용하는 것을 추천합니다.

02 털실을 적당히 감았다면 종이에서 털실을 빼 줍니다.

03 털실 중앙을 같은 색상의 실이나 털실로 매듭짓습니다.

04 털실 양쪽을 가위로 잘라 줍니다.

05 실 끝을 가위로 다듬으며 모양을 예쁘게 만들어 줍니다.

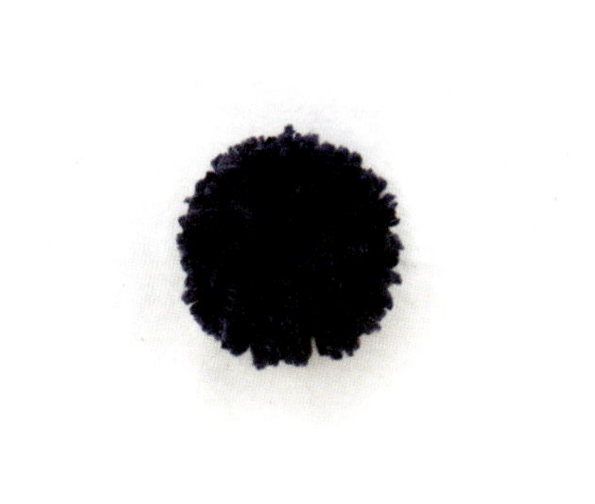

06 동글동글 귀여운 방울이 완성되었습니다.

HONGYU'S TIP 방울은 블랭킷, 커튼, 가렌더, 선물 포장 포인트 등 다양하게 활용할 수 있습니다.

Tissue Cover / 티슈 커버

한 장씩 쏙쏙! 뽑아 쓰기 편리한 티슈.
편리함에 사용하지만 인테리어와 어울리지 않는
알록달록한 디자인이 신경 쓰이지 않았나요?
집안 분위기와 어울리는 티슈 커버를 만들어 보세요.

Pleasure
of
ordinary
days.

×

티슈 커버

티슈 커버에 사용하면 좋은 원단

계절, 분위기, 취향에 따라 다양한 원단을 사용할 수 있습니다.

Ready to do

작품 사이즈

24cm×12cm×12cm

준비물

겉감 원단 A : 38cm×21cm 2장

안감 원단 B : 38cm×21cm 2장

재단 도안

실물 도안 첨부

• 안감 원단 B는 겉감 원단 A와 같은 크기로 재단합니다.

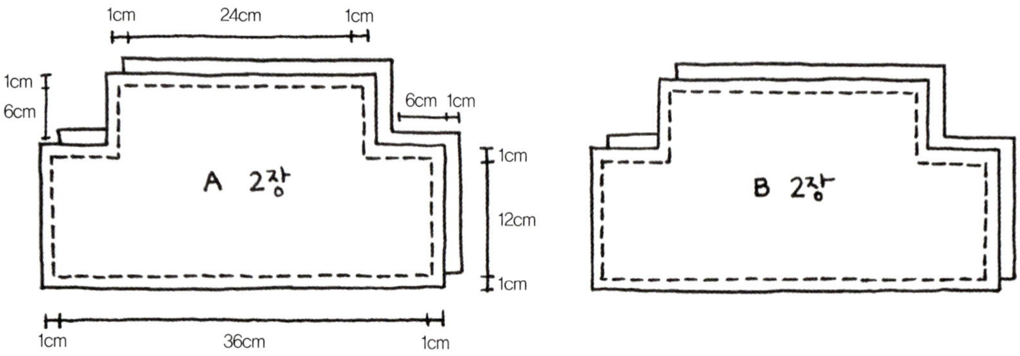

How to make

01 원단 A와 원단 B를 각각 2장씩 재단합니다.

02 원단 A 2장을 겉면이 마주 보도록 포개어 줍니다.

03 좌우에서 각각 7cm 떨어진 곳을 초크로 표시합니다. 티슈 구멍은 약 10cm가 됩니다.

04 티슈 구멍을 제외한 한 변을 박음질합니다.

05 박음질을 끝낸 후 겉감을 펼쳐 놓습니다. 시접을 가름솔한 후 다리미로 다려 줍니다.

HONGYU'S TIP 가름솔하는 방법은 25쪽에 있습니다.

06 원단의 겉면이 위로 오도록 놓습니다.

07 티슈 구멍에서 1mm~2mm 정도 간격을 두고 박음질합니다.

HONGYU'S TIP 접어 놓은 시접이 펼쳐져 티슈 구멍을 막는 것을 방지하기 위해 박음질은 꼭 해야 합니다.

08 겉감을 다시 겹쳐 놓고 양쪽을 시침핀으로 고정시킨 후 박음질합니다.

09 ㄴ부분의 모서리를 잡아당겨 빨간 점이 겹치게 합니다.

10 빨간 점이 겹친 모습입니다.

11 포갠 원단을 시침핀으로 고정시킨 후 박음질합니다.

12 아래쪽 시접을 접어 줍니다. 안감도 동일한 순서로 만들어 주세요.

13 완성된 겉감 안에 안감을 넣어 줍니다. 이때 겉감과 안감의 안면이 마주 보도록 합니다.

14 겹쳐준 겉감, 안감의 시접을 깔끔하게 정리해 줍니다.

15 정리한 시접을 시침핀으로 고정시킨 후 박음질합니다.

16 박음질한 모습입니다.

17 분리되어 있는 겉감, 안감 티슈 구멍을 공그르기로 마무리합니다.

18 공그르기한 모습입니다.

19 티슈에 커버를 씌워 주면 완성입니다.

Sewing 4

Reform / 리폼

HONGYU's
ROOM

Pin Cushion / 핀쿠션

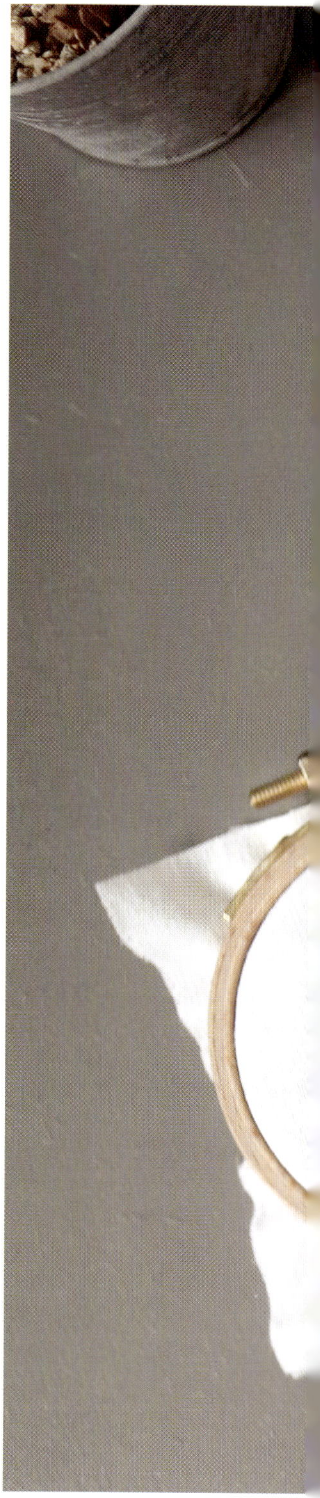

자칫 잃어버리기 쉬운 작은 바늘과 시침핀.
자투리 원단을 이용해 핀쿠션을 만들어 보세요.
바늘과 시침핀을 쉽게 보관할 수 있고
테이블 소품으로 사용할 수 있습니다.

×

단모환 핀쿠션

핀쿠션에 사용하면 좋은 원단

다양한 원단을 사용할 수 있으며
자투리 원단으로도 만들 수 있습니다.

Ready to do

작품 사이즈

5.5cm×6cm

준비물

원단 : 5cm×8cm 6장
화분 1개 • 4.5cm×4cm 화분 사용
솜

재단 도안

실물 도안 첨부

• 각각의 원단에 1cm 시접을 넣은 후 재단합니다.

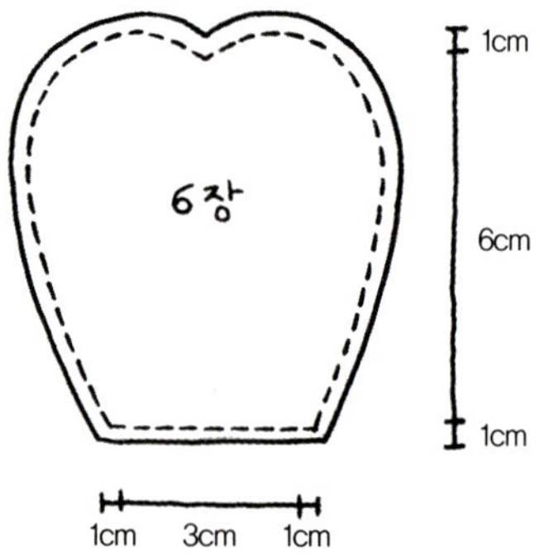

How to make

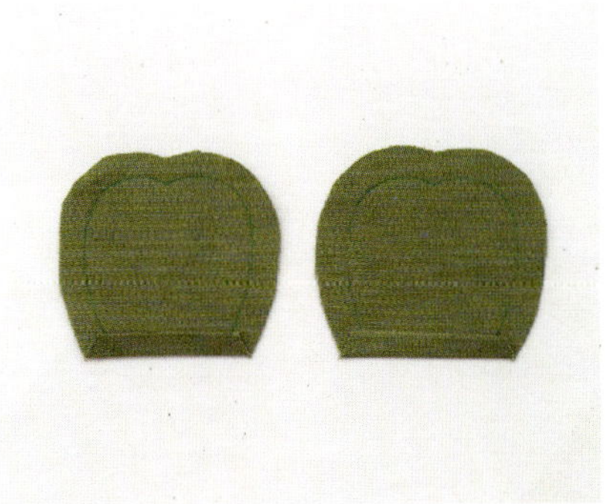

01 도안을 참고하여 둥근 선인장 원단 6장을 재단합니다. 먼저 2장의 원단을 준비하고 아래쪽에 시접을 1cm 접어 줍니다.

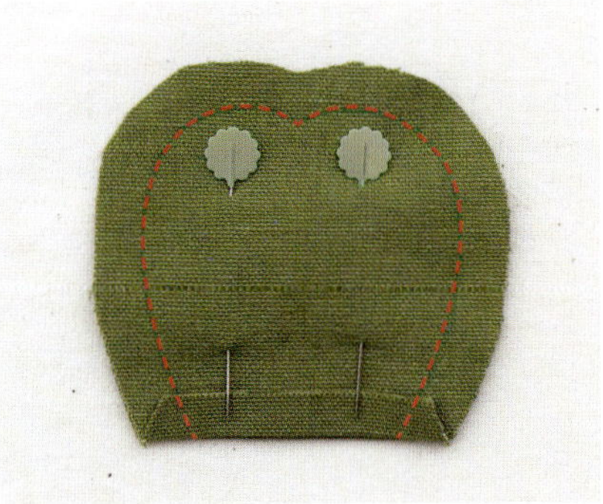

02 2장의 원단을 겉면이 마주 보도록 포개어 놓고 시침핀으로 고정시킨 후 박음질합니다.

03 시접에 가위집을 냅니다. 단, 너무 바짝 자르지 않도록 주의합니다.

HONGYU'S TIP 곡선 부분에 가위집을 내면 완성 작품의 모양이 예쁘게 나옵니다.

04 원단을 뒤집어 다림질합니다.

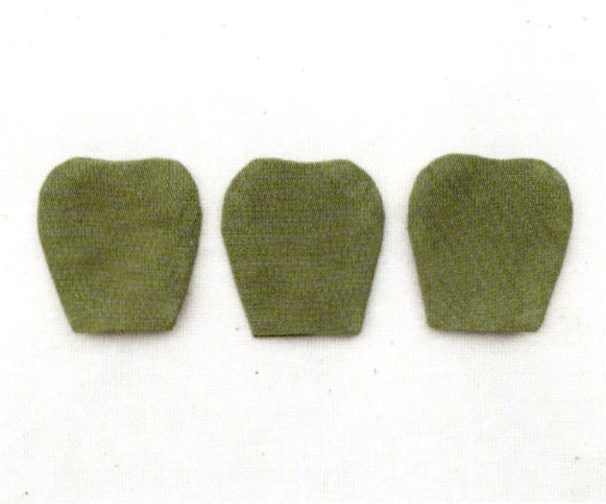

05 남은 원단도 동일한 순서로 진행하여 총 3장의 선인장 몸통을 만들어 줍니다.

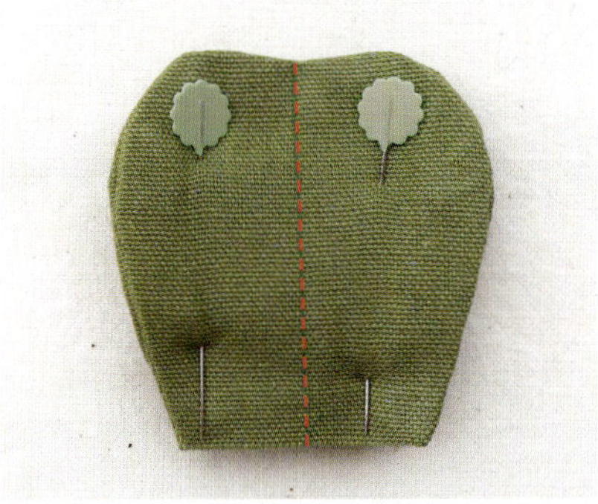

06 만들어 놓은 3장의 원단을 겹쳐 놓은 후 중앙에 세로 방향으로 선을 긋습니다. 시침핀으로 원단을 고정시킨 후 선을 따라서 박음질합니다.

07 박음질이 끝난 후 원단 아래쪽을 보면 솜을 넣을 수 있는 구멍이 있습니다. 원단 구멍에 솜을 넣어 줍니다. 공그르기로 마무리합니다.

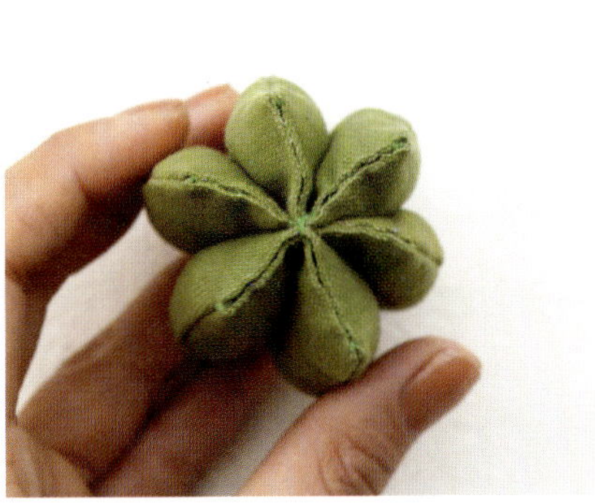

08 솜을 채운 후 구멍을 공그르기한 모습입니다.

09 준비한 화분에 선인장을 넣으면 단모환 핀쿠션이 완성됩니다.

XX

백도선 핀쿠션

핀쿠션에 사용하면 좋은 원단

다양한 원단을 사용할 수 있으며 자투리 원단으로도 만들 수 있습니다.

Ready to do

작품 사이즈

5cm×8cm

준비물

원단 A : 4.5cm×7.5cm 2장
원단 B : 2.5cm×3.5cm 2장
원단 C : 2cm×2cm 2장
화분 1개 * 3.5cm×3cm 화분 사용
솜

재단 도안

실물도안첨부

* 각각의 원단에 1cm 시접을 넣은 후 재단합니다.

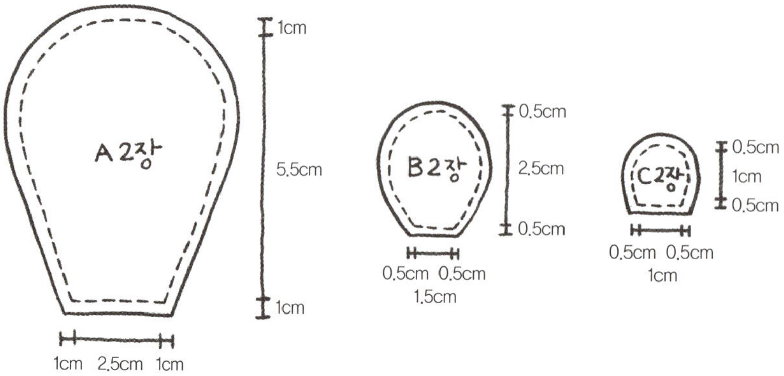

How to make

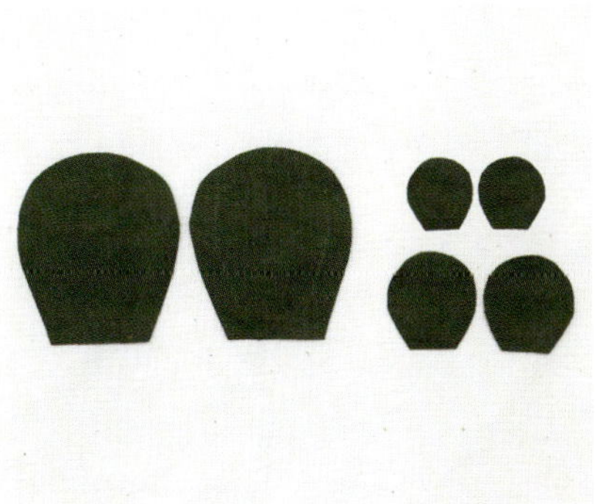

01 도안을 참고하여 백도선 핀쿠션 원단을 재단합니다.

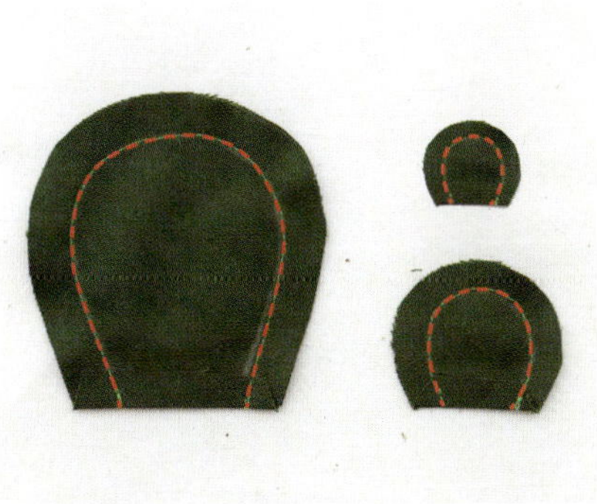

02 각 아래쪽의 시접을 각각 접고 같은 원단끼리 포개어 시침핀으로 고정시킨 후 박음질합니다.

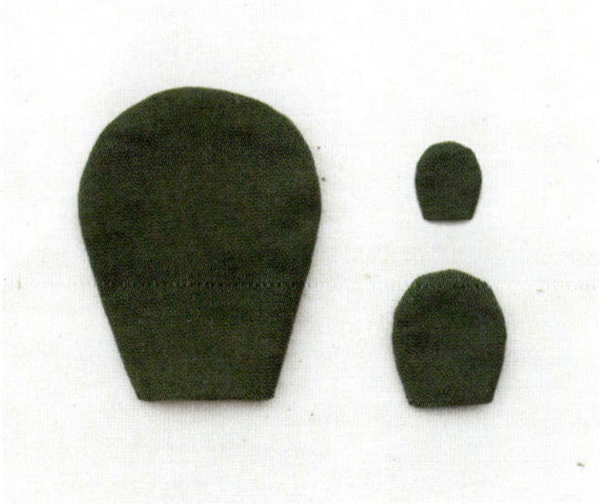

03 원단을 뒤집어 다림질합니다.

04 아래쪽 창구멍에 솜을 채워 선인장 모양이 예쁘게 잡히도록 합니다. 솜을 채운 후 창구멍을 공그르기로 마무리합니다.

05 창구멍을 공그르기한 모습입니다.

06 원단 A 위쪽에 원단 B를 올려놓고 시침핀으로 고정시키고 공그르기합니다. 동일한 방법으로 원단 C도 원단 B 위쪽에 올려놓고 시침핀으로 고정시키고 공그르기합니다.

07 이어준 선인장을 화분에 넣으면 백도선 핀쿠션이 완성됩니다.

Ornament / 오너먼트

알록달록 오너먼트를 만들어
인테리어 소품으로 사용해 보세요.
크기가 작기 때문에 자투리 원단으로도 만들 수 있습니다.

×

오너먼트

오너먼트에 사용하면 좋은 원단
다양한 원단을 사용할 수 있습니다.

Ready to do

작품 사이즈
5cm×7.5cm

준비물
겉감 원단 A : 6cm×7cm 2장
겉감 원단 B : 2.5cm×2.5cm 2장
네오디움 자석 1개 * 모빌을 만들 경우 생략

재단 도안

실물 도안 첨부

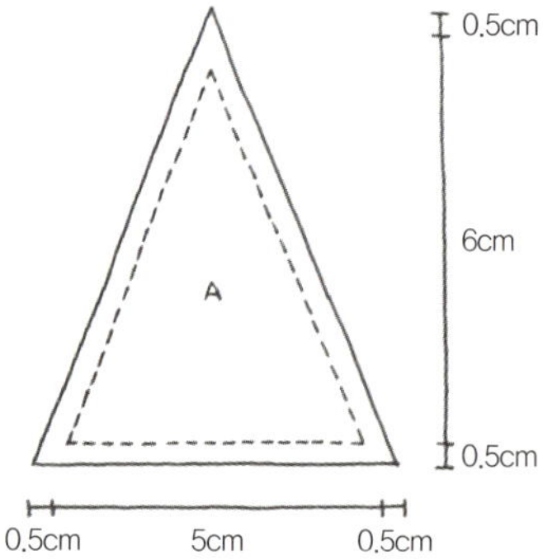

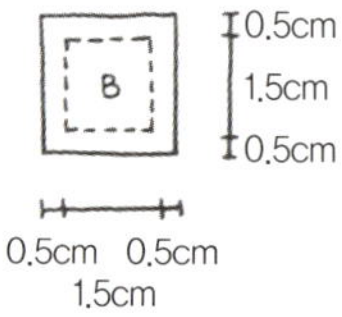

How to make

01 원단 A, 원단 B를 2장씩 재단합니다.

02 원단 A와 원단 B를 각각 1장씩 준비합니다. 사진과 같이 겉면이 마주 보도록 포개어 놓습니다.

03 포갠 원단을 시침핀으로 고정시키고 원단 B의 아래쪽 시접선을 따라 박음질합니다.

04 박음질을 끝낸 원단을 다리미로 다려 줍니다. 남은 원단도 동일하게 만들어 총 2장을 준비합니다.

05 패치한 원단 2장을 겉면이 마주 보도록 포개어 놓습니다. 창구멍을 표시하고 시침핀으로 고정시킵니다.

06 창구멍을 제외한 가장자리를 박음질합니다.

07 원단의 모서리를 박음질 선에 닿지 않도록 자르고 나무 기둥 부분에 가위집을 냅니다.

08 창구멍으로 원단을 뒤집어 줍니다.

09 창구멍 시접을 정리한 후 다리미로 다려 줍니다.

10 창구멍으로 솜을 1/2정도 채워 줍니다.

HONGYU'S TIP 작은 오너먼트일 경우 원단을 뒤집거나 솜을 넣을 때 핀셋을 이용하면 편리합니다.

11 네오디움 자석을 넣고 다시 솜을 채워 줍니다. 모빌을 만들 경우 자석은 생략합니다.

HONGYU'S TIP 네오디움 자석은 일반 자석보다 자성이 강한 자석입니다.

12 창구멍을 공그르기합니다.

13 오너먼트 자석이 완성되었습니다.

14 오너먼트를 모빌로 만들어 보겠습니다. 상단 모서리에 실을 꿰어 줍니다.

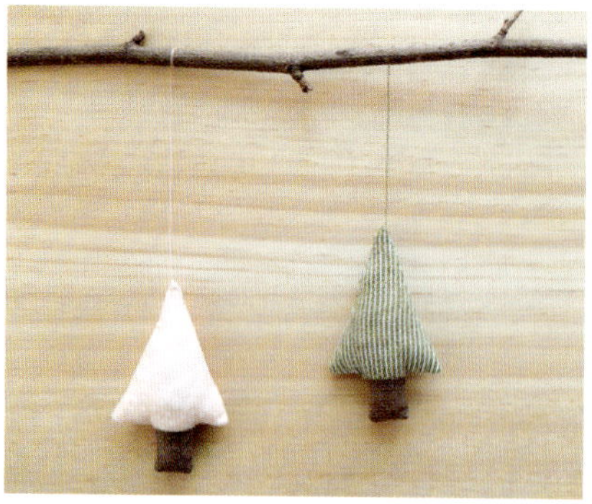

15 나뭇가지, 트리 등에 오너먼트를 달아 다양하게 연출할 수 있습니다.

난, 니편

Can Reform / 캔 리폼

빈 통조림, 음료 캔이나 캔들 사용 후 남은
유리병을 버리지 말고 리폼하여 사용해 보세요.
연필꽂이, 부자재 수납공간, 화분 등으로 다양하게 사용할 수 있습니다.

×

캔 리폼

캔 리폼에 사용하면 좋은 원단

다양한 원단을 사용할 수 있으며 자투리 원단으로 도 만들 수 있습니다.

Ready to do

작품 사이즈

8cm×7.5cm

준비물

원단 : 28.5cm×9.5cm 1장

캔 또는 유리병 1개

패브릭 스티커 1개

재단 도안

* 원단은 준비한 캔 또는 유리병의 둘레와 높이에 맞춰 준비합니다. 예를 들어 준비한 캔 또는 유리병의 둘레가 26.5cm, 높이는 7.5cm일 때 시접 1cm를 넣어 28.5cm X 9.5cm로 재단합니다.

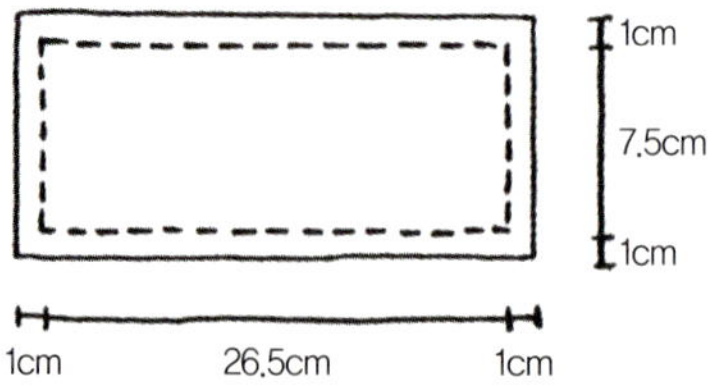

How to make

01 빈 깡통 안을 세척하고 스티커를 깨끗이 제거합니다.

02 따뜻한 물에 캔을 넣어 스티커를 불리거나 드라이기 바람으로 열을 가하면 스티커를 깨끗이 제거할 수 있습니다.

HONGYU'S TIP 캔 리폼 시 캔의 날카로운 입구 부분은 망치를 이용해 부드럽게 다듬어 주세요.

03 줄자를 이용해 캔의 둘레를 잽니다.

04 마찬가지로 캔의 높이를 잽니다.

05 원단을 재단합니다. 이때 시접 1cm를 포함해야 합니다.

06 패브릭 스티커를 준비합니다. 패브릭 스티커가 없다면 생략해도 됩니다.

HONGYU'S TIP 패브릭 스티커는 다리미의 열을 이용해 원단에 그림 또는 글자를 새길 수 있는 스티커입니다.

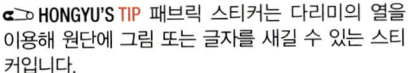

07 원하는 위치에 패브릭 스티커를 뒤집어 올려 줍니다.

08 패브릭 스티커 위를 자투리 원단으로 덮어주고 다리미로 15~20초 정도 꾹꾹 눌러 가며 다려 줍니다.

HONGYU'S TIP 원단이 타지 않도록 눌렀다 뗐다를 반복하며 주의를 기울여 줍니다.

09 스티커의 열을 식힌 후 조심스럽게 종이를 떼면 원단에 스티커가 새겨집니다.

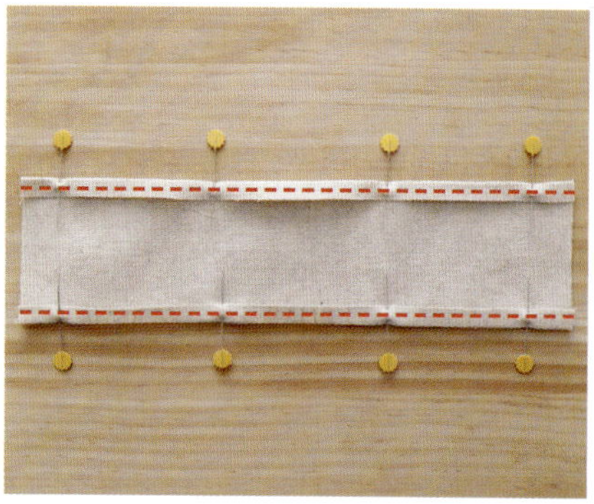

10 스티커를 붙인 원단을 뒤집어 위쪽, 아래쪽에 시접을 1cm 접어 줍니다. 시침핀으로 시접을 고정시킨 후 박음질합니다.

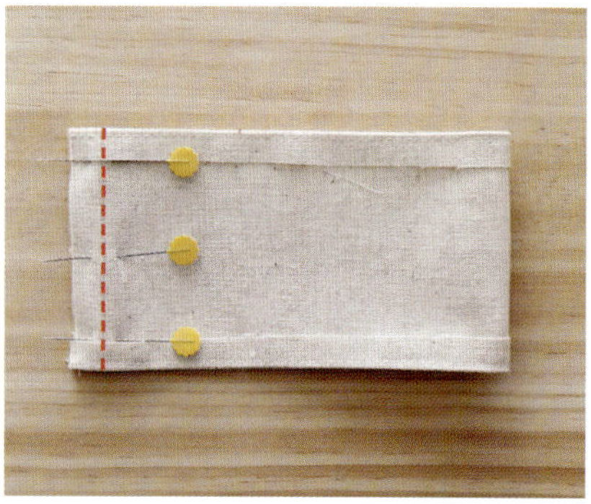

11 박음질한 원단을 반으로 접어 시침핀으로 고정시키고 시접선에 맞춰 박음질합니다.

12 시접을 가름솔하여 다림질한 후 원단을 뒤집어 줍니다.

HONGYU'S TIP 가름솔하는 방법은 25쪽에 있습니다.

13 캔에 커버를 씌우면 캔 리폼이 완성됩니다.

Canvas Frame Reform

/ 캔버스 액자 리폼

밋밋한 벽에 포인트를 주고 싶나요?
액자를 구입하고 싶은데 가격이 부담스럽나요?
캔버스와 원단을 이용해 패브릭 액자를 만들어 보세요.
원하는 디자인, 다양한 크기의 액자를 저렴하게 만들 수 있어요.

캔버스 액자 리폼

액자 리폼에 사용하면 좋은 원단

다양한 원단 사용이 가능합니다.

액자 리폼에 사용하면 좋지 않은 원단

전사지 또는 패브릭 스티커를 사용할 경우 열에 약한 원단은 피해야 합니다.

Ready to do

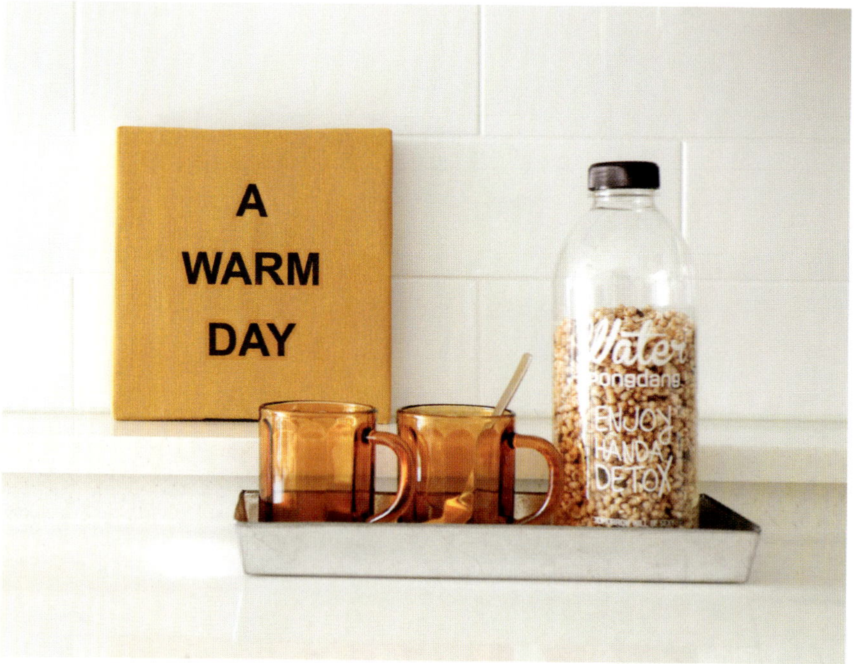

작품 사이즈

15cm×15cm

준비물

캔버스 : 15cm×15cm 1개

원단 : 27cm×27cm 1장

전사지

* 전사지, 패브릭 스티커를 사용하지 않고 패턴 원단만으로도 포인트를 줄 수 있습니다.

재단 도안

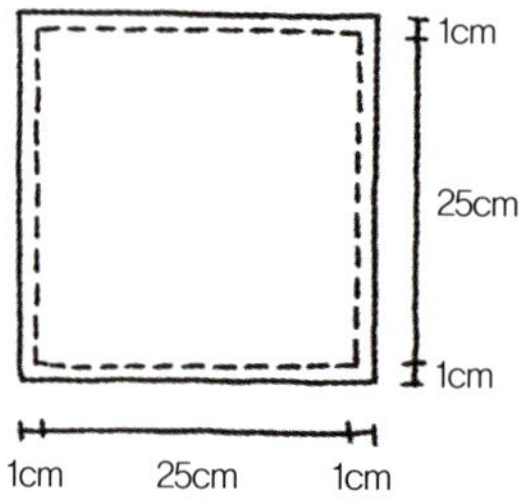

원단 정리하기

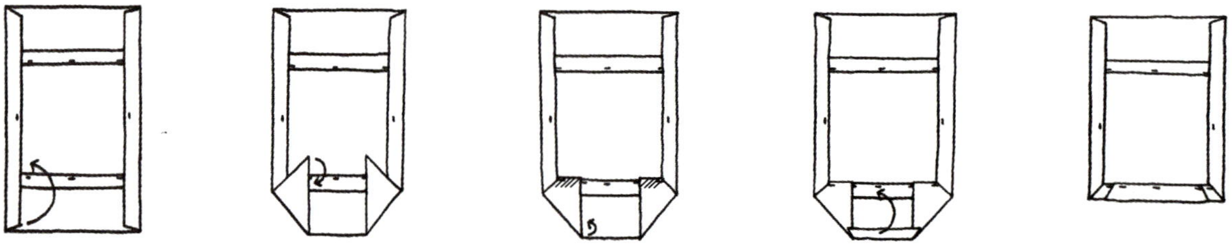

01 화살표 방향으로 올려 삼각형을 만들어 줍니다.

02 화살표 방향으로 말아 접어 줍니다.

03 스테이플러 또는 타카로 원단을 고정시키고 화살표 방향으로 시접을 접어 줍니다.

04 아래쪽을 올려 접고 스테이플러 또는 타카로 원단을 고정시킵니다.

05 위쪽도 01~04번 과정과 같은 방법으로 정리합니다.

How to make

01 캔버스를 준비합니다.

02 원단 위에 캔버스를 올립니다.

03 스테이플러 또는 타카를 이용하여 캔버스에 원단을 고정시킵니다. 맞은 편 캔버스 틀에도 원단을 고정시킵니다.

04 고정시키지 않은 원단을 위로 올려 접어 삼각형을 만듭니다.

05 올려 접은 원단을 캔버스에 고정시킨 후 화살표 방향으로 끝을 위로 올려 접습니다.

06 다시 한 번 원단을 위로 올려 접은 후 캔버스에 고정시킵니다. 반대편도 같은 방법으로 정리합니다.

07 원하는 문장이나 그림을 전사지에 출력합니다. 전사지에 출력한 글자나 이미지는 가장자리에서 3mm~5mm 정도 간격을 두고 오려 줍니다.

HONGYU'S TIP 전사지란 원하는 문구나 이미지 등을 프린트한 후 열을 이용하여 원단에 그대로 옮길 수 있는 용지입니다.

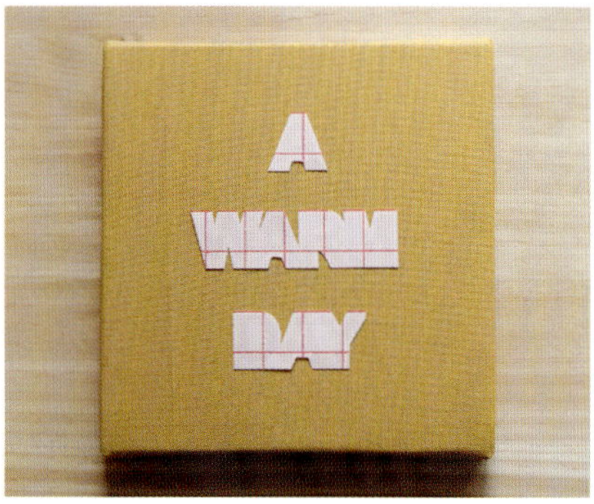

08 글자, 이미지를 원하는 위치에 놓고 뒤집어 다리미로 다려 줍니다. 가장자리까지 꼼꼼하게 다려 줍니다.

HONGYU'S TIP 이때 원단이 타지 않도록 다리미를 눌렀다 떼며 주의를 기울여야 합니다.

09 다림질한 부분을 충분히 식히고 전사지를 조심히 떼면 액자 리폼이 완성됩니다.

전사지 사용하기

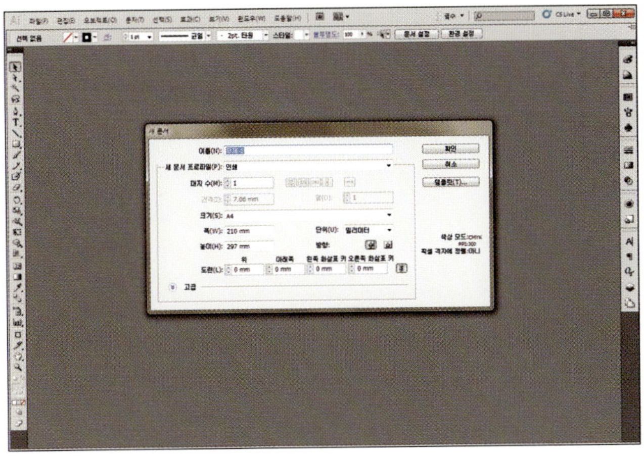

01 일러스트레이터 프로그램에서 전사지 크기에 맞도록 A4사이즈를 설정하고 빈 아트보드를 만듭니다.

HONGYU'S TIP 포토샵, 워드, 한글 프로그램에서도 가능합니다.

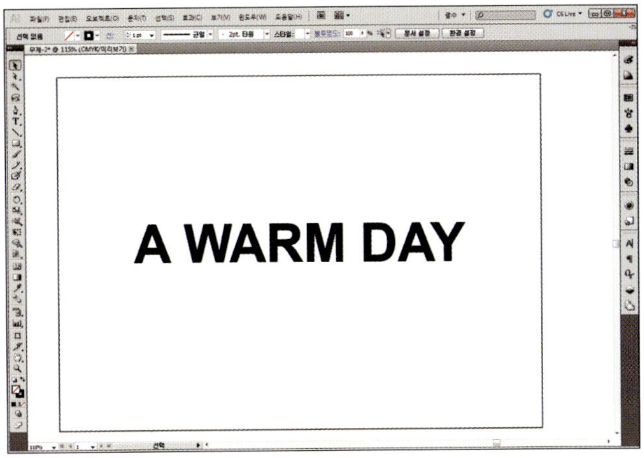

02 원하는 문구를 입력합니다. 이미지를 넣어도 좋습니다.

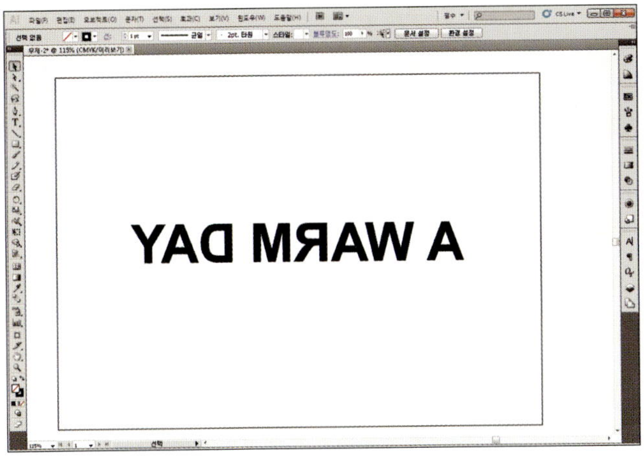

03 문구를 좌우 반전 시킵니다. 좌우 반전을 생략할 경우 원단에 문구, 그림이 반대로 새겨집니다.

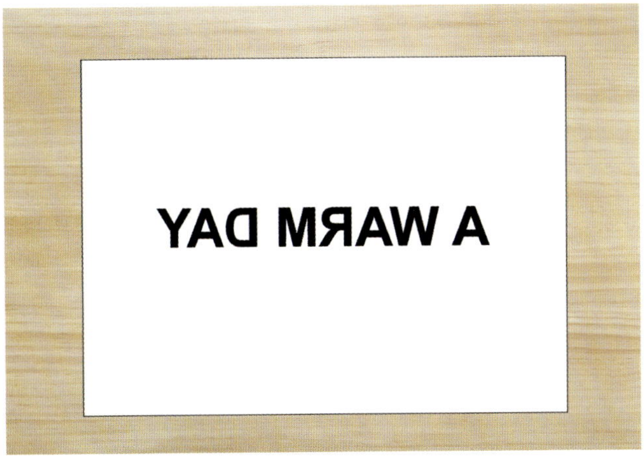

04 전사지에 문구를 프린트합니다. 이때 빨간 격자무늬 표시가 있는 면이 전사지의 뒷면입니다.

HONGYU'S TIP 잉크젯 프린트일 경우 잉크젯용 전사지, 레이저 프린트일 경우 레이저용 전사지를 사용합니다.

마음을 채우는 한 끼, 도서출판 책밥입니다.
반복되는 일상에 지친 당신에게
새로운 에너지를 공급하는 책을 만들겠습니다.
정성껏 준비한 한 끼로
독자 여러분의 마음을 든든하게 채워 드립니다.